KB018832

7년 안에 경제적 자유를 만드는 7가지 비밀

SEVEN

세븐

전인구 지음

차이
정원

차례

세 번째 비밀. 돈의 길목
지금, 돈은 어디에 있는가

네 번째 비밀. 투자의 기술
주식부터 부동산까지, 실전 투자법 7가지

다섯 번째 비밀. 부자의 그릇
성공 투자를 결정짓는 7가지 생각법

여섯 번째 비밀. 세븐의 법칙
7년 안에 경제적 자유를 만드는 7가지 법칙

일곱 번째 비밀. 평생의 부
부와 성공을 지속하는 인생의 비결 7가지

인생은 공평하지 않다

누군가에게 나의 인생에 대해 이야기한다는 것은 쑥스러운 일이다. 그래서 유튜브에서조차 개인적인 일에 대해서는 말을 아끼는 편이다. 그런데 왜 이 책을 쓰게 됐을까? 나는 서른다섯에 더 이상 근로자로 일하지 않아도 되는 경제적 자유를 가지게 됐다. 하지만 남들이 부러워할 수준의 부자도 아니고 엄청나게 행복하지도 않다. 나는 경제적 자유를 얻은 사람, 그 이상도 그 이하도 아니다. 그런데 사람들은 경제적 자유라는 것에 열광했다. 그저 경제적 자유에만 집중할 뿐, 그것이 왜 필요한지, 그것을 얻으면 무엇이 달라지는지 생각하는 사람은 거의 없었다. 그래서 내가 살아온 이야기를 하면 경제적 자유를 꿈꾸는 분들에게 허황된 꿈 팔이가 아니라 현실적인 조언이 될 거라고 생각해 글을 쓰기 시작했다.

나는 이 책에 누구나 이것만 하면 편하게 돈을 벌 수 있고 빠르게 부자가 될 수 있다는 터무니없는 내용을 담지 않았다. 이 책은 남보다 더 돈에 대해 절박했던 청년이 더 빨리 돈을 벌기 위해 분주하게 움직였고, 엄청난 고생을 하다가 기회를 하나둘 잡게 됐고, 그러다 돈이 모이기 시작해 서른다섯에 경제적 자유를 누렸다는 평범한 이야기다. 그 과정에서 얻는 것만큼 잃는 것도 많았고, 성공의 법칙 같은 깨달음도 있었다. 그 몇 가지 이야기가 누군가에게는 인생을 바꿀 수 있는 힌트를 줄지도 모른다는 생각이 들어 책을 쓰게 되었다.

모두가 공정을 외치지만 인생은 결코 공평하지 않다. 아무리 열심히 공부해도 들어가기 힘든 서울대를 놀 거 다 놀고서도 입학하는 학생들도 있고, 부모를 잘 만난 덕에 족집게 과외선생에게 배워 입학하는 학생들도 있다. 모두 취업을 하기 위해 온갖 스펙을 갖추지만 어떤 친구는 부모 덕분에 쉽게 합격하기도 하고, 아예 사장으로 시작하는 친구들도 있다. 열심히 월급을 모아 간신히 전셋집을 마련했다고 좋아하는 사람도 있는 반면, 서울에 있는 아파트를 결혼 선물로 받고 시작하는 사람도 있다.

친구들은 꿈과 희망을 찾아 원하는 대학을 갈 때, 나는 학비와 생활비를 벌 수 있는 대학을 다니기 위해 계산기를 두드려야 했다. 그렇게 번 돈으로 학비와 생활비를 쓰고 남은 돈은 가족에게 송금했다.

월급 187만원을 받으며 직장을 시작했고, 빚을 갚고 생활비를 충낭하기 위해 군대도 39개월 넘게 복무했다. 해군으로 복무한 곳은 천안함, 연평도, 김정일 사망사건이 연이어 있었던 백령도, 연평도였다. 제대를 하고 나니 스물여덟, 나의 20대는 거의 끝나 있었다. 그리고 정확히 7년 뒤인 서른다섯의 여름, 나는 경제적 자유를 얻고 사표를 냈다. 그리고 지금은 다음 7년 뒤를 위한 새로운 도전을 진행 중이다.

얼마나 있어야 경제적 자유가 가능한가에 대해 정확한 답은 없겠지만, 대개 30억 이상을 말한다. 10억짜리 집에 살고 남은 20억을 연 3% 예금에 넣어두면 월 500만원을 받을 수 있다. 수익률이 더 높다면 보다 적은 원금으로도 가능하다.

사표를 내고 사업에 뛰어든 지 2년이 됐다. 회사는 올해 상장할 예정이다. 그러면 자산이 100억은 넘을 것으로 보고 있다. 이런 이야기를 한 이유는 출발선보다 중요한 것이 있다는 사실을 말하기 위해서다. 나는 우연히 투자에 성공하고, 우연히 사업에 성공한 것이 아님을 증명하기 위해 지금도 쉬지 않고 도전하고 있다. 내가 거둔 모든 결실은 단순히 우연이 아니라 성공의 법칙을 관찰하고 실천한 결과라고 생각한다. 나의 대표적인 성공 전략은 '두 개의 시간'이다. 남보다 시간이 두 배가 되면 돈을 두 배로 벌 수 있다. 대부분의 사람들은 하루에 8시간 근무하고 남은 16시간을 흘려보낸다. 이 중 8시간을 더 활용하면 남들이 7년간 일할 때 14년을 일한 것과 같아진다. 그럼 돈을 적어도 두 배, 많으면 세 배 이상 모을 수 있다. 일하는 시간이 늘수록 오히려 소비는 줄어들기 때문이다.

나는 이 두 개의 시간 전략에 더해 주식, 부동산, 사업을 하면서 경험했던 것들을 토대로 7가지 성공 원칙을 세웠다. 바뀌지 않을 세상을 탓하기보다, 출발선이 다름을 인정하고 더 빨리 달리는 데 모든 에너지를 쏟아온 사람이 해줄 수 있는 솔직한 이야기들이다. 내가 말하려는 것들은 편하고 쉽게 부자가 되는 길이 아니다. 남보다 빨리 달리려면 고통스럽고 힘들다. 모든 것을 누리면서 빠르게 달려갈 수 없기에, 버릴 것은 버리고 시간과 인간관계를 효율적으로 관리하도록 돕는 것이 이 책의 목적이다. 과정은 힘들겠지만 대신 그 결과로 여러분이 살면서 원하는 것들을 현실로 이룰 수 있다. 여러분의 경제적 자유에 현실적인 도움이 되길 바라는 마음으로 이 책을 쓴다.

첫 번째 비밀

지름길

같은 속도로 달리면 부를 추월할 수 없다

'가짜 가난' vs '진짜 가난', 그리고 '진짜 돈'

대부분의 사람들은 자신이 가난하다고 생각한다. 부의 기준이 미디어에서 접하는 부자들에 맞춰져 있기 때문에, 상대적 가난을 느끼는 것이다. 대기업에 다니고 서울에 자기 집이 있어도, 재벌과 비교하면 스스로 가난하다고 여길 수밖에 없다. 하지만 이런 건 '진짜 가난'이 아니다. 진짜 가난은 결코 상대적이지 않다. 진짜 가난은 '절대적'이다.

우리집은 절대적으로 가난했다. 아버지가 운영하던 중소기업이 망한 후부터였다. 나름 탄탄한 매출을 자랑하던 회사는 하이에나들의 먹잇감이 되었고, 금융 기법을 잘 몰랐던 아버지는 사업을 확장하려다가 엄청난 부채만 떠안게 되었다. 정말 한순간에 모든 것을 빼앗겼다. 갑지기 치가 시리지고, 집이 없어졌다. 간단한 옷가지 몇 벌 외에는 모든 것을 두고 도망치듯 나와야 했다. 고작 열다섯, 사춘기 소년이 감당하기엔 너무도 큰 시련이었다.

이후의 삶은 완전한 무無였다. 우리는 아무것도 없었다. 집에는 화장실이 없었고, 삶에는 희망이 없었다. 어머니는 일하다가 결핵에 걸려 수술을 했고, 아버지는 어떻게든 재기해보려 애썼지만 기회는 주어지지 않았다.

돈에 대한 나만의 정의

그 절망의 구렁텅이에서, 다행히 나를 버티게 하는 힘이 하나 있었다. 당시 우리가 살던 산비탈의 집에서 창문을 열면 박찬호 선수가 살았던 집이 보였다. 지금은 '박찬호기념관'이 된 곳이다. 어린 시절 야구선수를 꿈꿀 만큼 야구를 좋아했던 나는 매일 아침저녁 창문을 열고 그 집을 보았다. 그리고 박찬호 선수를 떠올렸다. 그도 어린 시절 집이 가난해서 많은 고생을 했다고 한다. 처음 야구부에 들어간 이유가 야구부원은 라면을 먹을 수 있어서였을 정도로. 돈이 없어서 좋은 장비를 살 수도, 특별과외를 받을 수도 없었던 그는 오직 실력으로 모든 것을 극복하고자 밤마다 혼자 공동묘지에서 담력훈련을 했다고 한다. 캄캄한 밤, 음산한 공동묘지에서의 두려움을 이겨낸 힘은 반드시 야구선수로 성공하고 말겠다는 굳은 의지였을 것이다. 결국 그는 '한국인 1호 메이저리거'가 되었다. 그리고 엄청난 부자가 되었다.

나도 같은 방법을 택해보기로 했다. '노력'으로 '실력'을 키우고, 훗날 이 실력을 발판 삼아 '재력'을 쌓는 것이 내가 이 절대적 가난에서 벗어날 수 있는 유일한 길이라는 생각이 들었다. 시간이 오래 소요되겠지만, 일을 할 수도 돈을 벌 수도 없는, 고작 열다섯의 내가 선택할 수 있는 방법은 그것뿐이었다. 물론 아르바이트를 하면 가계에 조금이나마 보탬이 될 수도 있겠지만, 그것으로는 삶이 결코 바뀌지 않을 터였다. '진짜 가난'을 겪은 나는 '진짜 돈'을 원했다.

'진짜 돈'이란 단순한 화폐의 개념을 넘어선 것이다. 나는 돈을 벌어 살림살이가 조금 나아지는 정도, 이전보다는 나은 삶 정도가 아니라, 지금까지와는 완전히 다른 삶, 더 이상은 돈 걱정 없이 사는 삶을 바랐다. 그런 삶을 만들어줄 수 없다면 그것은 '진짜 돈'이 아니라고 생각했다. 나에게 돈이란 단지 먹고살게 해주는 수단을 넘어, 내 삶을 뒤바꿔놓을 결정적 계기이자 강력한 힘이었다. 사춘기 소년에 불과했던 내가 돈에 대한 나만의 정의를 내릴 수 있었던 것, 어쩌면 이는 '진짜 가난'의 경험이 안겨준 유일한 선물이었는지도 모르겠다.

'다른 삶'을 향한 첫걸음

돈은 언제든 어떻게든 벌 수 있지만, 삶을 바꾸는 '진짜 돈'은 아무 때나 어떻게나 얻을 수 있는 것이 아니었다. 우선은 돈을 벌 수 있는 조건과 환경을 갖추는 것이 급선무였고, 그러려면 나에게 투자해 실력을 키우는 것이 중요했다. 일단 나는 당시의 내가 할 수 있는 것, 즉 공부에 집중하기로 했다.

'고등학교를 장학생으로 들어가고, 고등학교 졸업 이후에는 취업에 유리한, 좋은 대학교에 들어간다'는 1차 목표를 세우고 그날부터 공부에 매진했다. 친구들이 학원에 간 시간, 혼자 도서관에서 《수학의 정석》, 《맨투맨 영어》를 파고들었다. 선생님의 도움이 없으니 당연히 힘들었다. 책 뒤에 붙은 해설은 결코 친절하지 않았고, 어떤 날은 한 문제를 이해하는 데 꼬박 반나절이 걸리기도 했다. 세상에서 유일하게 공평한 것이 누구에게나 하루 24시간 동일하게 주어지는 시간이라고들 하지만, 그것은 거짓이다. 학원에서 선생님께 물어보면 10분 안에 해결될 문제를, 나는 어떤 때는 1시간, 어떤 때는 10시간 넘게 걸려 간신히 풀곤 했다.

시간의 '양'은 공평할지 몰라도, 시간의 '질'은 불공평했다. 시간 역시 돈으로 살 수 있다는 사실을, 가난한 사람은 시간조차 여유롭게 쓸 수 없다는 현실을, 도저히 답을 알 수 없는 문제 앞에서 눈물을 쏟아내던 열다섯의 어느 날 깨달았다. 막막하고 분했지만, 그래도 방법은 없었다. 그저 계속 공부하는 것밖에는.

그렇게 한 달, 두 달이 지나니 나름 공부에 속도가 붙었다. 그러자 오히려 학원보다 도서관이 효율적인 선택이 되었다. 학원은 정해진 진도대로 나가다보니 《수학의 정석》 한 학기 분량을 두 달 동안 공부했지만, 나는 혼자서 하다보니 1년 치를 누 달 만에 뗄 수 있었다. 도서관에서의 독학을 통해 시간은 결코 공평하지 않다는 뼈아픈 현실과 더불어, 그럼에도 가난한 사람이 가질 수 있는 유일한 자산은 시간이라는 사실을 알게 되었다. 내게 허락된 단 하나의 자산, 그 시간을 들인 만큼 실력이 쌓였고 그것은 성적으로 돌아왔다. 투자(시간+노력) 대비 수익(성적)이 좋은 만큼, 더 열심히 할 수 있었다. 덕분에 좋은 입학시험 성적을 받아, 고등학교에 장학생으로 들어가게 되었다.

고등학교에 입학하고 보니 상황이 완전히 달라졌다. 고등학교는 '무조건 노력'만으로는 부족했던 것이다. 애초에 노력으로는 극복할 수 없는 한계라는 것이 있음을 알게 되었다. 공부를 조금만 해도 성적이 잘 나오는 타고난 천재들, 주말마다 서울에서 고액과외를 받는 부잣집 아이들과는 경쟁이 되지 않았다. 애초에 출발선이 달랐다고 할까. 명문대 수시 논술시험은 영어로 출제됐고, 수리논술은 고등학교 교육과정에 없는 대학 수학 문제였다. 처음부터 이길 수 없는 싸움에 허튼 노력을 기울일 이유도, 여유도 없었다. 나는 과감히 수시와 내신을 포기하고 정시와 수능에 집중했다. 노력으로 극복할 수 없으니 전략이 필요했던 것이다.

그렇게 3년이 흘렀다. 수능 성적이 노력과 기대만큼 잘 나오진 않았지만, 나름의 판단과 전략 덕분에 교대에 입학할 수 있었다. 사정은 이랬다. 당시 교대 커트라인이 대폭 상향되면서 서울대 수준까지 예상 커트라인이 올라갔다. 그 점수면 교대를 희망하던 학생도 서울대를 선택할 것이고, 따라서 교대의 지원율은 높지 않을 것이라는 생각이 들었다. 예상대로 당시 서울, 경기, 부산의 교대는 거의 미달되었고, 덕분에 부산교대의 합격통지서를 받을 수 있었다.

사실 교대 지원 전략은 과거 우연히 접한 경매 책 한 권 덕분이었다. 열다섯, 집이 경매로 넘어간 뒤 잠시 머물던 이모 집에서 경매 책을 보게 되었다. 중학생이 쉽게 집어들 법한 책은 아니었는데, 내게 주어진 읽을거리가 그것뿐이었다. '나중에 경매로 집을 살 수 있을까' 하는 막연한 호기심에 책을 읽었다. 그리고 이 책에서 접한 메시지는 어린 내게 일종의 충격으로 다가왔다. 사실 당시 경매는 대중의 인식이 그리 좋지 않아, 일반인들이 잘 참여하지 않았다. 그런데 저자는 '아무도 관심을 가지지 않으니 오히려 돈을 벌 수 있다'고 강조하고 있었다.

비록 당시 내가 직접 경매를 할 수는 없었지만, '남들이 보지 않는 곳에 기회가 있다'는 메시지는 뇌리에 깊이 새겨졌고, 이후 대학 입시 때 남들이 서울대에 비해 상대적으로 관심을 두지 않는 교대를 지원하게 된 것이다. 덕분에 재수까지 각오할 정도로 실망스러운 수능 성적을 받았던 내가, 교대에 합격할 수 있었다. 그때 알았다.

'지금까지와는 다른 삶을 살고 싶다면, 남들과는 다른 곳을 보고 남들과는 다른 방법을 택해야 한다는 것을.'

그렇게 나는 '다른 삶'을 향한 첫걸음을 떼었다. 내가 꿈꾼 다른 삶, 그것은 더 이상 돈에 얽매이지도 돈 때문에 좌절하지도 않는, 경제적으로 온전히 자유로운 삶이었다. 역설적이게도 나는 돈으로부터 자유로워지고 싶어서, 그토록 간절하게 돈을 원했던 것이다.

다른 길 X 다른 속도 = 부의 추월

"서른다섯이요? 어떻게 그 나이에 경제적 자유를 얻으셨나요?"

경제적 자유를 이룬 후 직장을 그만두고 자신의 삶을 즐기는 파이어족 청년들이 많아지다보니, 최근 방송과 강연에서 이런 질문을 자주 받는다. 나의 대답은 늘 같다.

"저는 단지 남들과는 다른 속도로 달려왔을 뿐입니다."

속도의 차이가 부의 차이다

'다른 삶'을 위해서는 모든 것이 달라야 했다. 남들과 다른 곳을 보고, 다른 방법으로 노력하는 것도 필요했지만, 그보다 중요한 것은 남들과는 다른 속도였다. 대학 입학을 앞둔 나는 고작 열아홉 살이었지만, 어찌 보면 '벌써' 20대를 앞두고 있었다. 부모님께 학비와 용돈을 지원받으며 공부에만 몰두하면 되는, 함께 성년을 맞이할 다른 친구들과 비교할 때 많은 것이 뒤처져 있었다. 나는 부산에서의 생활비 등을 모두 손수 마련해야 했고, 그러려면 친구들이 토익, 자격증 등 스펙을 쌓을 시간에 돈을 벌어야 했다. 그렇다고 학업을 등한시할 수도 없는 노릇이었다. 결국 이 모든 것을 극복하려면 남들과 같은 속도로는 불가능했다.

대학을 입학하기도 전에 과외 전단지부터 돌렸다. 운 좋게 한 집에서 연락이 왔고 바로 면접을 보게 됐다. 당시 지원자는 공학박사 과정의 대학원생, 전문강사, 그리고 입학도 안 한 신입생인 나, 이렇게 3명이었다. 그야말로 계란으로 바위 치기였는데, 뜻밖에도 다음날 합격했다는 연락을 받았다. 나중에 이유를 물어보니 눈빛이 가장 간절했기 때문이라는 답이 돌아왔다.

그 믿음의 기회에 보답하기 위해 최선을 다했고, 실업계 꼴찌권이었던 학생을 2개월 만에 전교 4등까지 올려놨다. 혼자서 끙끙대며 답을 찾아야 했던 도서관에서의 지난한 시간들이, 가르침에 노움이 되었다. 이후부터는 과외가 끊이질 않았다. 전교 꼴찌권을 단기간에 상위권으로 만들어놨으니 당연한 일이었다. 대학교에 입학하고 3개월 만에 월 300만원씩 벌었다. 덕분에 숨통이 좀 트이긴 했지만, 문제가 있었다.

월 300만원을 벌기 위해서는 과외에 많은 시간을 투자해야 했다. 많을 때는 한 달에 8개의 과외를 하기도 했는데, 그러면서 대학생활을 정상적으로 유지한다는 것은 어려운 일이었다. 휴학을 고민하기도 했지만, 그러면 졸업과 사회 진출 속도가 느려졌다. 안 그래도 뒤처진 마당에 속도를 늦출 수는 없는 노릇이었다. 결국 잠을 줄여가며 과외와 학업을 병행하는 것 외에는 별도리가 없었다.

군대를 전역하고 나니 어느덧 스물여덟 살이 되었다. 이때쯤에는 가족 모두가 돈을 벌고 있었고, 따라서 불리한 조건을 거의 다 해결한 상태였기 때문에 나의 인생 속도, 돈이 모이는 속도가 남들보다 2배 이상 빨랐다. 입대 전 열심히 돈을 벌고 또 투자도 한 덕에, 스물여덟엔 비로소 경제적으로 남들과 비슷한 위치가 되었고, 지금까지 남보다 빨리 달려온 인생엔 더욱 가속이 붙었던 것이다. 그렇게 7년을 더 내달리자 마침내 경제적 자유가 찾아왔다. 서른다섯, 나는 평생 먹고살 돈을 마련했다.

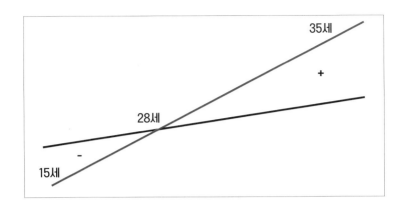

35세

28세

15세

+

-

그런데 나와 같이 직장생활을 시작했던 친구들은 아직 경제적 자유를 누리지 못하고 있다. 차이는 속도에 있었다. 무리와 같은 속도로 달리면 '안정'은 가능할지 몰라도 '발전'이나 '추월'은 불가능하다. 무리의 뒤에서 달리다 넘어져 맹수의 공격을 받아본 동물만이 그 공포를 아는 법. 나는 무리를 따라잡기 위해 더 빨리 달렸고, 마침내 무리를 따라잡은 이후에도 안도하지 않고 더더욱 빨리 달렸다. 나자빠지는 건 한순간이라는 사실을 어린 시절 아버지의 회사 부도를 보며 뼈저리게 배웠으니까 말이다.

무리의 뒤에서 달리는 사람, 가진 것 없이 시작하는 사람이 고민할 것은 '남과 다른 속도'다. 어떻게 하면 남보다 빨리 달릴 수 있을까? 답은 간단하다. 남들처럼 일할 때 일하고, 쉴 때 쉬고, 놀 때 놀아서는 더 빨리 달릴 수 없다. 남들이 놀 때도 일해야 속도를 끌어올릴 수 있다. 나는 동기들이 MT와 미팅을 다닐 때 과외를 하러 다녔고, 친구들이 잠든 시간에 리포트를 쓰고 시험공부를 했다. 남들보다 빠르게 가기 위해 더 많이 달리는 것, 가장 기본적인 방법이지만 이 방법조차 쓰지 않는 사람들이 많다. 안타까운 일이다.

가진 자들은 쓸 수 없는 무기

남들보다 빨리 달리는 또 하나의 방법은 남들과 다른 길로 달리는 것이다. 남들이 가지 않는 길은 지름길일 확률이 높다. 지름길은 대개 험난하거나 그 길에서 헤맬 가능성이 높기에, 사람들이 잘 가지 않는다. 하지만 나는 금전적인 손해가 없다면 아무리 험하고 어렵더라도 과감하게 지름길로 달렸다. 그렇게 몇 개의 지름길을 돌파하면서 마침내 서른다섯 살에 경제적 자유를 맞이한 것이다.

내가 택한 첫 번째 지름길은 대학 시절 과외 시장에서의 '+@ 전략'이었다. 당시에는 대부분 수학, 영어 등 한 과목만 과외를 했다. 과목 하나를 정해놓고 여러 아이를 가르치는 것이 교사 입장에서는 편하고 효율적이기 때문이다. 하지만 일반 가정 입장에서는 과목마다 각각 선생을 구하는 일이 쉽지도 않을뿐더러 돈도 많이 든다. 이를 파악한 나는 전 과목 과외로 승부수를 던졌다. 수학 과외를 받는 학생이 영어 공부도 하고 싶다고 하면 영어도 가르쳐주고, 영어 과외를 받는 학생이 국어 실력이 부족하면 국어 공부도 도와주고 하는 식이었다. 한 과목을 과외할 시간과 비용으로 전 과목을 골고루 봐주니, 부모 입장에서는 대환영. 가성비가 좋다보니 다른 형제자매까지 맡기는 집이 많았다. 덕분에 이동 시간을 아낄 수 있었고 그 시간만큼 돈을 더 벌 수 있었다.

한참 과외에 매진할 때는 오후 5시부터 새벽 1시 30분까지 일했다. 명절을 제외하곤 휴일에도 쉬지 않았다. 몸이 힘들긴 했지만, 20대의 팔팔한 체력이었으니 견딜 만했다. 덕분에 '4년 대학 - 4년 직장'의 8년을 4년으로 압축할 수 있었다. 다른 사람들이 대학 졸업 후 직장생활을 대략 4년은 해야 벌 수 있는 돈을 대학생활 동안 모은 것이다. 그렇게 남들보다 뒤처진 출발선을 서서히 좁혀나갔다.

하지만 문제가 있었다. 아무리 잠을 아껴가며 일하고 공부해도, 늘 시간이 부족했다. 일을 더 하고 싶어도 시간이 없어서 할 수 없었다. 그래서 단가에 대한 고민을 시작했다. 당시 부산 해운대 지역은 교육열이 높아 과외비도 비쌌는데, 대학생은 선호하지 않았고 학원강사로의 쏠림 현상이 심했다. 그래서 평일에는 학원강사로 일을 해봤다.

당시 강사로 600만원 정도의 매출을 올리면 170만원가량을 월급으로 받았다. 나머지 430만원은 사업주인 원장이 가져갔다. 실제로 일한 근로자보다 자본을 토대로 플랫폼을 만들고 운영하는 자본가가 더 많이 가져가는 것, 그것이 자본주의였다.

고민이 시작됐다. '차라리 학원을 직접 차린다면?' 물론 돈이 많이 들고, 혹시라도 망하면 손실도 컸다. 하지만 성공만 한다면 수익이 매우 커지는 사업이었다. 계산을 해보니 작게 시작하면 망해도 큰 손실이 없다는 판단이 섰다. 외삼촌에게 빌린 보증금으로 아파트 월세를 구해 안방에서 생활하고, 나머지 거실과 방을 개조해 공부방을 만들었다. 생활과 일을 한 공간에서 해결하면서 돈도 아끼고, 시간도 절약한다는 전략이었다.

공부방을 만든 후 회전율을 이용한 가성비 수학 과외를 시작했다. 주 3회, 1시간 과외에 월 13만원으로 최대 4명인 반을 만들어서 수업을 진행했다. 그동안 방문과외를 할 때는 어쩔 수 없이 이동 시간이 발생했는데, 이는 황금 같은 시간을 길에 그대로 버리는 셈이었다. 하지만 학생들을 내 장소로 부르니 이동 시간을 아낄 수 있었을 뿐 아니라 회전율도 더 올릴 수 있었다. 평일에 보통 6팀 이상을 가르쳤는데, 엄청난 회전 속도가 나오다보니 월 13만원을 받아도 마진이 굉장히 좋았다. 여러 학생을 가르치며 월 550만~600만원 이상을 벌었다. 3개월 후 외삼촌에게 빌린 보증금을 다 갚을 수 있을 정도였다. 이때 사업에 대해 큰 매력을 느꼈다.

'이게 자본가와 근로자의 차이구나. 과감한 도전과 아이디어, 실력을 갖추면 돈을 벌 수 있구나!'

남들이 하지 않는 전 과목 과외, 학생 입장에서는 쉽게 엄두를 낼 수 없었던 학원 사업은 모두 지름길을 찾고자 하는 간절한 노력이었다. 본인이 남들보다 출발점이 뒤처진다고 생각하면, 이것을 오히려 간절함의 연료로 썼으면 좋겠다. 간절하기 때문에 남들이 쉴 때 일할 수 있는 에너지가 생기고, 잃을 것이 없기 때문에 지름길을 택할 수 있는 용기가 생긴다. 가진 자들은 이 무기를 쓸 수가 없다. 오직 개천의 용들에게만 주어진 선물이다. 우리만 쓸 수 있는 무기다.

투자 실패 역시
빠를수록 좋다

20대 때 과외 시장의 흐름을 잘 파악하고 학원 사업을 한 것은, 부의 출발선이 뒤처져 있던 내가 비로소 남들과 같은 위치로 올라설 수 있게 해주었다. 그러나 학원 사업이 남들의 부보다 앞서게 만들어주지는 못했다. 사실 부의 속도를 더 빠르게 높여준 것은 따로 있는데, 바로 투자였다. 인생을 살면서 잘한 것 중 하나가 20대 초반부터 투자를 시작했다는 점이다.

투자에 뛰어든 것은 스물한 살 때부터다. 돈을 벌기 시작하니 자연스레 투자가 눈에 들어왔다. 그때 유명 휴대폰 회사가 곧 부도가 난다는 소문이 돌았는데, 그럴 리 없다는 생각에 소액의 돈을 투자했다. 한 달도 안 되어 2배를 벌었다. 내가 투자에 소질이 있는 줄

알고, 10배 넘는 돈을 추가로 부었다. 그러나 큰 손실을 보고 팔았다. 이후 그 주식은 15원으로 상장폐지가 되었다. 다행인 점은 첫 투자라 피해 금액이 크지 않았다는 점이다.

투자는 공부 없이 감으로 하면 망한다는 것을 매우 이른 나이에 배웠다. 만약 30대 중반에 가정을 꾸린 뒤 큰돈을 가지고 이런 도전을 했다면 어땠을까? 돌이킬 수 없는 타격을 받았을 것이다. 차라리 초반의 실패가 바른 길로 인도한다. 남보다 빨리 성공하고 싶다면, 남보다 빨리 실패할 필요도 있는 것이다.

팔지 않을 용기

이후에는 실패를 교훈 삼아 '돈을 잃지 않는 투자'에 관심을 가졌다. 스물두 살, 2007년 불장bull market에서 워런 버핏의 투자 철학이 가슴에 꽂혔다. 그의 투자 철학 첫째가 절대로 원금을 잃지 말 것, 둘째가 첫 번째 원칙을 잊지 말라는 것이다. 원금을 잃지 않되 오랜 시간 동안 수익률이 계속 쌓이고, 결국 눈덩이처럼 불어나는 '복리 투자'는 나이가 어릴수록 유리한 투자법이다. 그때부터 지금까지 나는 이 투자법을 고수해왔다.

복리 투자의 재미 중 하나는, 돈을 모으면 모을수록 속도가 점점 빨라진다는 것이다. 1,000만원을 모으는 데 1년이 걸렸다면, 이것이 2,000만원이 되는 데는 10개월이, 3,000만원이 되는 데는 8개월이 걸릴 수 있다. 기존의 소득과 투자 소득이 합쳐지면서 돈이 모이는 속도가 더 빨라지는 것인데, 이를 스노볼 효과^{snowball effect}라고 한다. 스노볼 효과란, 주먹만 한 눈덩이를 계속 굴리다보면 어느 순간 산더미처럼 커지는 것을 지칭하는 용어로, 워런 버핏이 복리 효과를 설명하고자 사용하면서 대중에 알려졌다.

이를 다르게 표현하면 '돈의 3, 6, 9 법칙'이라고도 할 수 있는데, 돈은 1, 2, 3 순서대로 불어나는 것이 아니라 3, 6, 9처럼 2~3배씩 커진다는 뜻이다. 처음 종잣돈을 마련하기까지는 여러모로 힘들겠지만, 투자를 통해 수익을 내기 시작하면 돈을 모으는 재미 역시 커질 수밖에 없는 이유다.

나는 돈을 잃지 않는 투자를 한다는 주식 철학을 세운 후 경제 공부도 좀더 심도 있게 했고, 주식 책과 재테크 강의도 선별해서 볼 수 있었는데, 주로 가치 투자 공부에만 집중했다. 이때 성장주 투자 공부를 했으면 돈을 더 벌 수 있었을 것이라는 생각도 든다. 그래도 지금껏 주식 투자를 하면서 크게 잃은 적이 없었던 비결은 가치 투자를 했기 때문이다. 버는 것만큼 중요한 것이 잃지 않는 것임을, 잊지 말아야 한다. 특히나 가진 것이 많지 않은 상태에서 시작하는 투자라면 더더욱 그렇다.

잃지 않는 투자의 핵심은 '팔지 않을 용기'다. 나는 2007년 우량주들을 사서 모았는데, 2008년 글로벌 금융위기가 왔다. 우량주고 뭐고 그냥 다 떨어졌다. 계좌 손실률이 −60%까지 갔다. 우량주라고 하락하지 않는 것이 아니었다. 위기의 태풍 앞에서는 우량주든 성장주든 모두 속절없이 떨어지는 낙엽일 뿐이었다. 사람들은 조금이라도 건져야 한다며 가진 주식들을 팔아 치우고 있었다. 나 역시 이대로 모두 휴지조각이 되는 것은 아닐지, 무섭고 두려웠다.

하지만 팔지 않았다. 교대 진학을 통해, 전 과목 과외를 통해, 그렇게 몸으로 부딪치면서 남들이 선택하지 않는 길, 즉 남과 다른 길에 남다른 기회가 있다는 사실을 배워왔으니 말이다.

시간이 흐르자 여전히 부정적인 전망과 불안은 사라지지 않는데, 놀랍게도 계좌는 차츰 회복되고 있었다. 반년 정도 지나자 거의 다 원금으로 돌아왔다. 덕분에 가치 투자가 옳다는 생각을 하게 되었고, 이후부터는 마음 놓고 전 재산을 투자할 수 있었다. 물론 수익을 거두기 전까지는 마음고생을 심하게 했지만, 결과적으로 가치 투자는 엄청난 수익률을 안겨주었다. 그리고 이 수익들이 쌓이면서 나의 인생과 부의 속도는 급물살을 타기 시작했다.

기회는 어디에나 있지만, 누구나 볼 수는 없다

20대 초반, 투자의 스승이라고 부를 수 있는 재야 고수 2명을 만났다. 둘 다 사업으로 먼저 성공했다는 공통점이 있었다. 사업을 성공시킨다는 것은 엄청나게 어려운 일이다. 감각도 있어야 하고, 눈치도 빨라야 하며, 세상을 다각도로 볼 수 있어야 한다. 무엇보다 망할 수 있다는 스트레스와 싸워 이겨내는 강심장이 필요하다. 사업에서 성공한 사람들이 투자를 잘할 가능성이 높은 이유도 여기에 있다. 투자역시 감각, 눈치, 넓고 깊은 안목, 그리고 강심장이 필요하기 때문이다.

1990년대 중반, 애플에 투자한 사람은 많지 않을 것이다. 스티브 잡스가 이사회에서 해고된 이후 애플은 내리막길을 걸었고, 그가

1997년 복귀한 직후에도 상황은 다르지 않았다. 하지만 잡스는 10억 달러 적자였던 회사를 1998년 4억 달러 흑자로 만들었고, 이후 아이팟, 아이폰, 아이패드를 세상에 내놓았다. 1997년 평균 0.64달러였던 애플의 주가는 2022년 3월 기준 약 160달러다. 대략 250배가 오른 것이다. 잡스의 능력을 꿰뚫는 감각, 잡스의 복귀가 미칠 영향을 알아본 안목, 거기에 더해 망해가는(정확히는, 사람들이 망할 거라고 예측했던) 회사에 투자할 강심장을 갖췄던 사람이라면, 지금 투자 대비 250배의 수익을 올리고 있다는 이야기다. 다시 말해 당신이 1997년 애플 주식을 100만원어치 샀다면, 지금 그 가치는 2억 5,000만원에 달한다.

여기서 주목할 사실은, 애플은 과거에도 누구나 알고 있는 유명 기업이었다는 점이다. 즉 애플은 고수들만 아는 '숨겨진 보석'이 아니었다. 그럼에도 누군가는 애플에 투자해 막대한 돈을 벌었고, 누군가는 '나도 애플을 알았는데. 그때 투자했어야 하는데…'라며 엄청난 후회만 반복하고 있다. 이 둘을 가른 결정적 차이는 기회를 보는 안목이다. 보통의 사람들은 실적, 매출 등 눈앞의 숫자를 보지만, 고수들은 숫자 뒤에 감춰진 기회를 본다. 사람들이 애플의 현재 적자에 집중할 때, 고수들은 애플의 미래 가치를 보았다. 그리고 엄청난 돈을 벌었다.

기회는 어디에나 있다. 하지만 누구나 볼 수는 없다. 그리고 부를 쌓는 것은 기회를 볼 수 있는 소수의 사람뿐이다.

돈 냄새를 맡는 연습

기회를 알아채는 감각, 기회를 보는 안목은 어떻게 키울 수 있을까? 사실 이에 관한 답은 좀 맥이 빠진다. 감각과 안목은 부단한 노력을 통해 길러지는 것이기 때문이다. 즉 돈에 관해 끊임없이 경험하고 판단하는 과정을 거쳐서, 머릿속에 빅데이터가 쌓여야 돈 냄새를 맡을 수 있다. 뛰어난 사업가가 탁월한 투자자가 되는 이유도, 사업을 꾸려나가며 '이 사업이 될 것인가, 아닌가', '이게 돈이 되는 일인가, 아닌가'를 계속 고민하고 판단하며 자연스레 돈 냄새를 맡는 연습을 해온 덕분이다.

그렇다. 방법은 지난한 연습뿐이다. 하지만 반갑고, 또 중요한 것은 이 연습에도 지름길이 있다는 사실이다. 많은 초보 투자자들이 하는 실수 중 하나가 일단 돈을 모은 뒤 투자를 하려고 하는 것이다. 하지만 돈을 모은 후 연습 없이 바로 투자를 시작하면 손실을 보기 쉽다. 그렇다고 돈을 모은 뒤 연습을 시작하면 목돈을 그대로 방치하게 된다. 그래서 가장 좋은 방법은 돈을 모으면서 동시에 투자 경험을 쌓는 것이다. 반드시 자신의 돈이 들어가지 않아도 된다. '정말 좋은 기회라면 빚을 내서라도 투자할 수 있다'는 마음으로 실제 투자를 하듯 기회들을 찾아다니는 것이다.

나의 경우 대학 시절 월세살이를 하다보니 원룸 주인이 가장 부러웠다. 그래서 나중에 돈을 벌면 원룸 건물을 짓겠다는 꿈을 갖고 열심히 부지를 찾으러 다녔다. 당시 기준, 4억원이면 신축 원룸을 지을 수 있는 곳도 있었고, 땅 가격만 10억원인 곳도 있었다. 어디에 지어야 가장 높은 수익을 올릴 수 있을까 싶어, 전국 방방곡곡을 누볐다. 그리고 틈이 날 때마다 부동산을 들러 가격을 물어보고 매물을 봐뒀다.

모의 투자라고 대충 지역들만 살펴본 것이 아니다. 후보지를 둘러보면서 경사도, 치안, 교통 등을 직접 확인한 것은 물론이고, 해당 지역 원룸의 평균 월세, 주변에 대학이나 회사가 있는지의 여부, 앞으로의 인구 예상 유입률 등등을 모두 분석했다. 매력적인 물건이 나오면 당장 투자라도 할 것처럼 합법 물건인지, 불법 변경을 한 물건인지도 확인해보고, 불법 변경 물건의 경우 과태료는 얼마나 될지도 계산해봤다.

이렇게까지 한 이유는 실제 투자라고 생각하고 임하지 않으면 무의미한 연습이 되기 쉬워서다. 주식의 경우 모의 투자에서는 엄청난 수익을 서둔 사람이 실제 투자에 들어가서는 손실을 보곤 하는 이유는, 연습과 실전에 임하는 마음가짐이 다르기 때문이다. 연습일 때는 아무리 계좌에 손실이 나도 실제 돈을 잃는 것이 아니기에 과감하고 담대한 투자가 가능하지만, 실전이 되면 계좌에 파란불이 들어오는 순간 손이 떨려오고 냉정한 판단이 불가능해진다. 부동산 투자도 마찬가지다. 그래서 나는 '마음에 들면 빚을 내서라도 투자하겠다'는 각오로 정말 실전처럼 투자를 연습했다.

그렇게 주말이나 휴가 때마다 5년 정도를 돌아다니고 나서 내린 결론은 원룸 건물을 지을 곳이 마땅치 않다는 것이었다. 가격 대비 수익률이 매력적인 곳들은 미래 가치가 떨어졌고, 수익률이 낮지만 미래 가치가 높은 곳들은 향후 경쟁력이 문제였다. 대학교들은 기숙사 규모를 계속 늘리고 있고, 공단은 사람이 점점 빠져나가고 있고, 괜찮다 싶은 지역에는 이미 공사 중인 원룸들이 난립했다. 5년 넘게 발품을 판 결과가 '투자 불가'라니 다소 맥이 빠진 것도 사실이지만, 이 5년간의 부동산 데이터가 머릿속에 남았다는 사실에 위안을 얻었다. 그리고 실제로 이 데이터는 아파트 투자를 하는 데 활용되었다.

원룸 투자를 연습했던 공식으로 아파트 시장을 둘러보니 잃지 않는 투자처가 보였다. 5년간의 훈련을 통해 부동산에서 돈 냄새를 맡는 감각이 길러진 것이다. 공실이 나지 않으면서 임대 수익률이 연 10% 이상인 아파트에 첫 투자를 했고, 그렇게 아파트 관련 데이터를 계속 쌓다보니 좋은 투자처가 속속 눈에 들어오기 시작했다. 이후 신도시의 알짜배기 위치에 투자한 것들의 가격이 많이 올랐다. 덕분에 경제적 자유를 얻은 부의 절반 이상이 부동산에서 나왔다.

내가 놓친 기회들

돈이 불어나는 속도를 높이려면, 투자처를 잘 고르는 것이 중요하다. 향후 몇 년간 돈이 몰릴 곳을 찾아 자산을 집중하는 것이 가장 빨리 돈을 불릴 수 있는 비결이다. 예를 들어 2011~2015년에 코스피는 2,000선에서 박스권을 보였다. 이 시기에는 대부분의 주식 투자자가 돈을 벌지 못했다는 뜻이다. 주식이 많이 오른 시기는 2007년, 2009년, 2017년, 2020년이다. 또한 부동산을 보면, 2010년대 초반에는 광역시 소형 아파트가 많이 올랐고, 2010년대 중반은 신도시, 2010년대 후반은 수도권이 많이 올랐다. 지금 돈이 어디로 가고 있는지를 읽을 수만 있다면, 돈을 더 빨리 모을 수 있다.

그렇기에 나는 기회를 발견하는 안목, 돈 냄새를 맡는 감각을 기르고자 열심히 노력했지만, 당연히 놓친 기회도 많다. 특히 스물세 살에 큰 부자가 될 기회를 잡지 못한 것이 아직도 생각난다. 2008년 금융위기로 인해 부동산, 주식 모두 크게 하락했던 시기였다. 부산 센텀시티 근처 빌라들이 헐값에 대량으로 매물이 나왔다. 1,700만원에 낙찰받아서 보증금 500만원에 월세 30만원으로 세를 놓을 수 있었다. 곧 백화점이 들어설 예정이었고 주변에 원룸도 거의 없으므로, 이후 월세를 더 올릴 수 있다는 계산이 섰다. 당시에는 경락대출로 주택 수 무제한도 가능했기에, 대출까지 받으면 무자본 투자로 무한 매수를 할 수 있었다. 그래서 경매로 200채 정도를 사들일 계획을 세웠는데, 부모님이 너무도 강하게 반대하시는 바람에 결국 뜻을 접고 말았다.

3년 후쯤 센텀시티를 가보니 부산의 중심축이 이곳으로 이동해 있었고, 빌라 가격은 2~3배까지 올라 있었다. 정말 땅을 치고 후회했다. '그때 샀어야 한다'는 후회가 아니었다. '나를 믿었어야 한다'는 후회였다. 생각해보면 심도 있는 조사를 통해 가장 많은 정보를 가지고 있는 사람은 나였다. 그런데 조언은 정보를 가지지 못한 가족에게 들었다. 애초에 그 과정 자체가 잘못된 것이었다. 이후에는 투자 판단에 있어서 조언의 비중을 줄였다. 정보를 가장 잘, 가장 많이 아는 내가 책임지고 투자하자는 생각으로 매수를 결정했고, 덕분에 좋은 결과들을 낼 수 있었다.

주식에서도 좋은 기회를 놓친 적이 있다. 2009년 한국의 상황은 아이러니하게도 수출에 유리했다. 환율도 높았고, 특히 도요타 리콜 사태는 한국 자동차 시장에 호재였다. 신차들의 디자인도 잘 빠진 덕에 그동안 수출이 부진했던 국내 자동차들이 해외에서 불티나게 팔렸다. 2년간 자동차 회사들의 주가가 7~15배까지 올랐다. 자동차만이 아니었다. 중국의 고성장으로 인해 인접국인 한국이 수혜를 받으면서 정유주가 5배 이상, 화학주가 7~15배 이상 올랐다. 해외로 여행을 떠나는 중국 관광객이 늘면서 여행, 쇼핑, 화장품 관련주도 크게 뛰었다. 분주히 움직였으면 돈 벌 기회가 많은 시기였다. 그런데 나는 내가 가진 주식이 최고라는 생각만 고집하며 거시 경제의 변화를 읽지 못했고, 결국 이 기회들을 하나도 잡지 못했다.

이때를 기점으로 투자에 소신을 가지되 고집은 부리지 않기로 했다. 확신이 설수록 반대 의견을 더 많이 들으려고 했고, 그 의견이 합당하다 싶으면 생각을 바꾸기도 했다. 매매를 거의 하지 않는 가치 투자자가 생각을 바꾸는 것은 무척 어려운 일이다. 하지만 기회를 잃는 것보다는 고집을 버리는 것이 낫다고 판단했다.

부동산에서 기회를 놓치고 난 후에는 조언의 비중을 줄였고, 주식에서 기회를 놓치고 난 후에는 반대 의견을 더 많이 들었다. 다른 사람 이야기를 들으라는 건지 말라는 건지 헷갈릴 수 있겠다는 생각이 든다. 정리하자면, 타인의 조언보다는 자신의 정보를 믿되, 나의 판단을 무조건 신뢰하기보다는 남의 의견에도 귀기울여야 한다는 것이다. 결국 핵심은 유연함이다. 투자의 철학은 고수하되, 투자의 방식이나 결정은 시의적절하게 바꿀 수 있어야 한다.

내가 잡은 기회들

고리타분하고 올드했던 기존의 임대업에 새로운 트렌드를 불어넣은 것이 셰어하우스다. 과거 나는 제주도 게스트하우스에서 느꼈던 좋은 감정을 적용해, 삶의 나그네들이 모이는 셰어하우스에 꽂혔다. 그래서 세종에서 셰어하우스를 시작했는데, 결과적으로 망했다. 신도시 초기라 새 아파트 월세가 40만원 정도인 곳에서 셰어하우스에 대한 수요가 있을 리 만무했던 것이다. 세종의 성장 가능성에만 꽂혀서 다른 부분들을 제대로 고려하지 않은 것이 패착이었다. 이후 이 공간은 아지트처럼 사용하고 있었는데, 한 친구가 이런 말을 했다.

"대학교 앞에다 해야 잘될 것 같은데?"

순간 머리를 한 대 맞은 것 같은 기분이었다. 너무 당연한 이야기인데, 그걸 놓쳤다니… 이미 망해서 손해를 봤는데 또 투자를 하자니 망설여졌지만, 실패의 원인을 명확히 알았으니 다시 도전해볼 필요가 있다고 느꼈다. 여기서 그만두면 그냥 실패로 끝나지만, 재도전해 성공하면 이는 성공을 위한 시행착오가 되는 것이었다. 실패로 둘지, 성공으로 만들지는 나에게 달려 있었다.

결국 재도전. 아파트를 매입하고 인테리어 공사를 하는 중에 입주 문의가 들어왔고, 공사가 끝나기도 전에 만실을 채웠다. 그래서 1채를 더 사들여서 인테리어를 했는데, 마찬가지로 10일간의 공사가 끝나기도 전에 만실이 됐다. 만실의 비결은 원가 절감을 통한 저렴한 월세였다. 창호, 욕실, 싱크대만 외주를 맡기고 도배, 장판, 페인트, 조명, 전기, 미장 등 모든 작업을 셀프로 했기에, 인근 경쟁자보다 더 저렴한 가격으로 월세를 놓을 수 있었던 것이다.

이후 몇 채를 더 투자했는데, 매입 방식에 따라 수익률이 가장 낮은 곳은 연 25%였고, 높은 곳은 연 187%였다. 하지만 관리에 손이 많이 가는 편이라, 얼마 뒤 가격을 잘 받고 인수자에게 넘겼다. 만약 그때 정리하지 않고 더 확장해서 전국구 규모로 키웠다면, 지금쯤 꽤 높은 가격을 받고 매각할 수 있었을지도 모른다. 하지만 괜찮다. 셰어하우스 관리와 확장에 쓸 시간을 다른 투자에 사용했고, 거기서 좋은 결실들을 맺었으니 말이다.

관심이 쏠릴 때는 이미 늦은 것이다

셰어하우스를 매각했을 때 받은 돈 중 일부로 차를 사려고 했다. 대략 3,000만원내에 원하는 차를 구입할 수 있어 고민했는데, 과거의 경험 때문에 결국 사지 않았다. 군대를 제대할 무렵의 일이다. 가지고 있는 주식이 좀처럼 오르지 않아, 주식을 팔아 차를 사려고 했다. 사무실에서 딜러를 만나고 있는데, 한동안 연락이 없었던 친구가 몇 년 만에 진화를 해서는 뜬금없이 한마디를 하고 끊었다.

"자만하면 안 되고, 겸손해야 한다."

왜 그랬는지 모르겠지만, 하나님이 그 친구를 통해 나에게 던지는 메시지라는 생각이 들어 딜러를 그냥 돌려보냈다. 2년 정도 지난 뒤 내가 팔려던 그 주식은 4~10배가량 올랐고, 투자를 위한 종잣돈이 되었다.

이후에도 또 한 번 차를 사려고 고민하는데, 이번에는 직장 근처에 분양 중인 아파트가 눈에 들어왔다. 분양률이 좋지 않았는데, 꽤나 노른자 땅이었다. 지도를 보고 한참을 고민했다. 아무리 봐도 그 지역에서 가장 좋은 위치였다. 보통 터미널 부지는 향후 백화점 등이 들어서 복합터미널이 될 가능성이 높다. 더욱이 이곳은 인근 광역시와 거리가 가까워 지하철역이 들어설 수 있을 것 같았고, 근처에 KTX도 지나가서 기차역도 신설될 수 있을 것 같았다. 결국 이번에도 차는 포기하고 그 돈으로 내 집을 마련했다. 설사 집값이 오르지 않더라도 내가 살면 되니까 상관없다는 생각이었는데, 실투자금 3,000만원이 들어간 이 미분양 주택은 5년 후 10억원이 되었다.

이후에 비슷한 신도시들을 보니 어디가 오를지 감이 왔다. 동탄신도시, 마산신도시, 김포신도시 등 점찍은 자리들은 모두 얼마 안 가 크게 올랐다. 5년간 전국을 돌아다니며 쌓은 부동산 데이터에 더해 아파트 투자를 통해 얻은 안목과 감각이 마침내 결실을 맺은 것이다.

도시를 처음 봤을 때의 직관적인 느낌, 지도를 보면서 찾은 저평가 위치들, 향후 교통 호재 등을 고려해 투자한 결과는, 경제적 자유의 절반을 채워줬다.

당시 나의 투자 철학은 '남들이 관심을 가지지 않지만, 앞으로 주목받을 위치에 투자하자'였다. 그렇게 임대 수익률이 높아질 아파트, 수요가 계속 늘어날 아파트에 투자하며 큰 수익을 올렸다. 하지만 이후에는 주택을 더 매수하지 않았다. 부동산 열기가 심해지면서 가격이 너무 가파르게 올랐고, 대중이 열광하는 것은 사지 않는 편이 장기적으로 유리하다고 판단했기 때문이다.

사람들이 부동산에 열광할 때, 나는 다시 주식으로 넘어갔다. 미중 무역분쟁으로 세계 증시가 미끄럼틀 장세였고, 좋은 기업들이 헐값에 나오고 있었다. 주식 시장은 다시 좋아지기 어려울 것이라는 부정적 전망들, 디플레이션 우려들이 팽배했다. 하지만 사람들이 주식에서 관심을 거둔 이때, 나는 오히려 좋은 주식을 찾고자 적극적으로 분주히 다녔다. 특히 신흥국 주식을 찾기 위해 시간만 나면 베트남, 인도네시아, 태국, 라오스 등 신흥국 위주로 여행을 갔다. 인도도 가려고 했는데, 코로나로 가지 못한 것이 가장 후회가 된다. 만약 인도를 직접 가봤다면, 전 재산을 인도에 투자했을지도 모른다. 여하튼 철저한 조사를 통해 현지 주식계좌까지 개설해가며 신흥국 주식에 투자했다.

누차 강조하지만, 기회는 사람들이 관심을 두지 않는 곳에 있는 법이며, 남들의 관심이 쏠릴 때는 이미 늦은 것이다. 기회의 선점이 부의 차이를 만든다는 사실을 명심해야 한다.

간절함이 없다면
그냥 평범하게 살아라

'세상에 공짜는 없다.'

이 문구만 기억해도 인생에서 많은 실수를 줄일 수 있다. 상식적으로 남들보다 더 빠른 속도로 돈을 모으고, 원금을 절대 잃지 않으면서 막대한 투자 수익을 올리고, 결과적으로 경제적 자유를 누릴 만큼 부를 쌓는 일이 쉽고 간단할까? 당연히 아니다. 엄청난 노력과 지난한 연습, 치열한 공부가 필요하다. 그리고 이를 위해 가장 기본적이고 중요한 조건이 하나 더 있는데, 바로 간절함이다.

나는 정말 간절했다. 열다섯에 맞이한 가난을 통해, 돈의 중요성을 온몸으로 깨달았기 때문이다. 돈이 없으면 단순히 생활이 고달프고 어려운 데서 그치지 않았다. 꿈과 희망은 감히 품을 수 없고, 친구를 사귀는 일조차 사치였다. 삶에서 정말 모든 것이 사라지는 것이다. 이를 뼈저리게 겪었기에 스무 살이 되자마자 돈을 벌기 시작했고, 스물한 살에는 투자에 뛰어들었다. 남들이 자기 집을 갖는 것을 꿈꿀 때, 나는 지긋한 가난에서 벗어나 부모님 집과 생계 유지를 위한 돈을 마련해드리는 것은 물론, 내 노후를 위한 준비도 해야 하는 절박한 상황이었다. 주식, 재건축, 경매, 원룸, 아파트, 셰어하우스, 해외 주식, 저작권, 사업, 영화 투자 등 안 해본 것 없이 만 15년간 부의 문을 두드렸다. 그중에 시도하지 못한 것도 많고 실패라고 부를 수 있는 것들도 있지만, 원금을 잃지 않는다는 원칙은 거의 지킨 것 같다. 그래서 다음 기회가 왔을 때 투자할 돈이 있었다.

그 과정이 얼마나 힘들었을지 상상이 될지 모르겠다. 밤늦게까지 과외를 하고 집으로 돌아가는 길, 화장실에 갔다가 건물이 잠기는 바람에 창문에서 뛰어내린 적도 있다. 차 살 돈을 아끼려고 중고차를 타고 다니다가 도로에서 갑자기 시동이 꺼지는 바람에 사고 직전까지 간 적도 여러 번이다. 셰어하우스 인테리어를 할 때는 밤새 페인트칠을 하다가 문이 잠겨서 갇히기도 했고, 전선 작업을 하다가 손을 잘라 응급실에 가기도 했다.

돈 한푼 더 벌기 위해서 몸을 사리지 않고 일하다보면 '내 수명을 팔아 돈을 번다'는 생각마저 들었다. 하지만 간절함 하나로 버텼다. 만약 이 정도로 간절하지 않다면, 어떤 고생이라도 감수할 수 있다는 절박함이 없다면, 그냥 평범하게 살기를 권한다. 왜냐면 정말 버티기 힘들 만큼 어렵고 고되며 처참한 과정이기 때문이다.

얻으려면 잃어야 한다

얻는 만큼 잃는 것이 사업이고, 인생이라고 생각한다. 나는 만 15년 간 분주히 움직였고, 본격적으로 종잣돈이 모인 지 7년 만에 경제적 자유를 누렸지만, 성공을 위해 인생을 압축하다보니 잃은 것이 너무도 많다. 가족들 생일 한 번 제대로 챙겨준 적이 없고, 가족들과 나들이 한 번 간 적이 없다. 친구들과 만난 술 한잔하는 것은 내가 누릴 수 없는 일상이었다. 우리가 경제적 자유를 얻기 위해서는, 그만큼 잃어야 하는 것도 많다는 뜻이다.

생각해보기 바란다. 이런 희생을 감수하고서라도 뛰어들 만큼, 경제적 자유가 간절한지. 그렇다면 내가 먼저 겪은 시행착오를 토대로 몇 가지 조언을 건네며, 당신의 경제적 자유를 응원하고자 한다.

첫째, 무언가를 얻고 싶다면 무언가를 내놓아야 한다.

내 나이 서른세 살 무렵 적당한 자산과 저작권 수입, 월세 등으로 매달 1,000만원의 현금 흐름이 발생했다. 이것으로는 약간 부족할 수도 있겠다 싶었는데 2년 정도 지나니 자산과 현금 흐름이 더 불어났다. 그래서 서른다섯에 사표를 냈다. 이미 직장에서는 해볼 수 있는 일을 다 해본 상태였기에, 후회는 없었다.

퇴사 후 사람을 모아 회사를 만들었다. 처음에는 직원들 월급 주느라 힘들었는데, 1년이 지나고 보니 그동안 벌인 사업이 좋은 평가를 받으면서 투자자들에게 매력 있는 기업이 되었다. 최근 인수합병 건이 있어서 알아보니 경제적 자유를 얻은 이후에 키운 회사의 평가액이 100억원을 넘어섰다. 서른다섯, 경제적 자유를 누린 시점으로부터 지금까지 100억원이 더 생긴 셈이다. 이는 모두 매력적인 여러 사람들과 사업을 협업하면서 발생한 평가 가치 덕분이다.

그렇다. 나는 돈뿐 아니라 사람을 얻는 투자로 많은 성공을 거뒀다. 작가, 강사, 유튜버로 활동하면서 만난 사람들과 협업을 시도하며, 온라인 강의도 만들고, 영화 투자도 하고, 방송 제작을 시작하고, 메타버스도 같이 준비했다. 혼자서는 결코 할 수 없는 일들을 벌이면서 사업의 규모가 점점 커져갔다. 넷플릭스에 프로그램을 납품한다는 계획이 실현되면, 회사 가치는 분명 훨씬 더 오를 것이다.

군대를 제대하고 직장생활을 했을 때가 스물여덟 살이다. 그때 차 살 돈으로 주식을 가진 게 전부였는데 7년 만에 경제적 자유를 이루었고, 8년 만에 100억이 넘는 회사를 만들었다. 직장인으로서, 투자자로서, 사업가로서 계속 도전하는 중에 지금도 자산은 생각 못할 정도로 빠르게 불어나고 있다. 나는 그 이유가 돈에만 얽매이지 않고 기회와 사람을 계속 늘려갔기 때문이라고 믿는다.

경제적 자유를 얻고자 하는 사람에게 들려주고 싶은 제1원칙은 사람과 관계의 중요성이다. 내 것만 챙기면 성공하기 어렵다. 서양의 사교파티를 생각해보자. 다양한 사람들이 우리집에 모여서 이야기를 주고받는다. 이제 여기는 플랫폼이 된다. 사업가와 투자자가 서로 만날 수 있고 연결이 된다. 이렇게 네트워크가 연결되기 시작하면 그 네트워크는 강력한 힘을 가진다. 앞서 말했듯이 나 역시 많은 사람들과 다양하게 협업한 끝에 회사 가치를 100억까지 끌어올릴 수 있었다. 이미 경제적 자유를 누린 데서 만족하고, 그것을 지키려고만 애썼다면 추가적인 부는 불가능했을 것이다.

주변에 사람들이 모이고 그들을 통해 기회를 얻으려면, 내가 그들에게 무언가를 주는 매력적인 사람이어야 한다. 내가 무엇을 내놓을 수 있는지, 그것이 사람들이 원하는 것일지 고민해보자. 다른 사람에게 뭔가를 바라기 전에 이를 먼저 내놓는 연습을 한다면, 서서히 사람과 기회가 몰려들 것이다. 이때 중요한 것은 '이 사람은 분명한 메리트가 있다'는 확신을 사람들에게 심어주는 것이다.

이는 사람뿐 아니라 기업도 마찬가지다. 스튜디오드래곤이 공모전에서 당선된 작가는 신인이라도 메인 작가로 등단시킨 이후, 수많은

드라마 원고가 스튜디오드래곤에 몰렸다는 사실을 이느기. 스튜디오드래곤은 신인이라도 메인 작가로 등단시킨다는 확실한 메리트가 있는 곳이라는 인식을 사람들에게 심어주었다. 그래서 재능 있고 능력 있는 작가 지망생들을 끌어들일 수 있었다. 이 지망생들의 원고들은 스튜디오드래곤의 성공 비결이 되었고, 이후 더 많은 좋은 원고들이 또 스튜디오드래곤으로 쏟아지는 선순환이 일어났다.

둘째, 움직이자.

좋은 기회를 잡고 좋은 사람을 만나려면, 쉬지 않고 움직여야 한다. 내가 부족하면 부족함을 채우기 위해 움직이고, 지식이 모자라면 좋은 책과 가르침을 찾아가야 한다. 집안에 가만히 있는 것보다 어디라도 나가서 현장을 둘러보는 것이 더 도움이 된다. 시간은 누구에게나 똑같이 주어진다. 그 시간을 굳이 까먹지 말자.

셋째, 효율을 올리자.

빠르게 성공하는 비법 중 하나는 효율을 올리는 것이다. 예를 들어 나는 현재 대전에 거주하는데 서울에서 약속이 잡히면, 그날 약속을 더 잡는다. 서울에서 대전까지는 왕복 4시간. 그 시간을 아끼기 위해 서울에 올 일을 최대한 줄이고, 한 번 올 때 가능한 많은 일을 처리하는 것이다. 비단 출장뿐만이 아니다. 출퇴근 동선, 미팅 동선 역시 시간을 효율적으로 사용할 수 있도록 관리한다. 남보다 10%의 시간만 절약해도 10년을 더 사는 효과가 난다. 당장 효율 정리부터 시작하자.

두 번째 비밀

두 개의 시간

'일의 시간'+'자본의 시간'=경제적 자유

우리는 모두
두 개의 시간을 가지고 있다

아무리 좋은 재료를 가지고 있어도 5분 안에 음식을 만들어내라고 하면 최상의 요리를 선보이기 어렵다. 마찬가지로 60세까지는 부자가 되고 싶은데, 지금 55세라고 하면 아무리 많은 강점과 실력을 갖춘 사람이더라도 원하는 바를 이루기 어려울 것이다. 반면 60세까지 부자가 되고 싶은 사람의 나이가 20세라면? 그는 '40년'이라는 엄청난 시간, 즉 강력한 무기를 가지고 있다. 중간중간 몇 번 실패하더라도, 이를 커버할 시간들이 존재하는 것이다. 만약 당신의 나이가 40세라서 이제 60세까지는 20년밖에 남지 않았다면? 그래도 괜찮다. 효율성만 확보하면, 20년을 40년처럼 쓸 수 있기 때문이다.

대기업들은 효율을 올리기 위해 끊임없이 노력한다. 어떻게 하면 같은 시간에 제품을 한 개라도 더 생산할 수 있을까 고민하며, 작업 동선을 조절해보고 컨베이어 벨트 라인을 바꿔본다. 다른 기업이 100개를 생산할 때, 우리는 120개를 생산할 수 있다면 매출과 이익을 극대화할 수 있기 때문이다.

개인의 삶도 마찬가지다. 시간의 효율을 높여야 수입을 늘리고 이익을 키울 수 있다. 특히 가진 것이 별로 없는 사람이 부를 쌓기 위해서는, 시간이라는 자산을 어떻게 분배하고 어디에 투자하느냐가 중요하다. 생각해보자. 부모에게 물려받은 재산이 많거나 억대 연봉을 받지 않는 이상, 우리에겐 투자에 사용할 여유자금이 허락되지 않는다. 그렇기에 '자산 투자' 이전에 '시간 투자'를 통한 투자 공부와 종잣돈 형성의 과정이 반드시 필요한 것이다.

시작은 본인의 24시간을 해부하는 것이다. 당신은 하루를 어떻게 쓰고 있는가? 보통 사람들은 회사에서 점심시간을 포함해 9시간을 쓰고, 출퇴근에 2시간을 소비하며, 잠자는 데 7시간 정도를 사용한다. 그럼 남은 6시간 동안은 무엇을 할까? 대부분 저녁식사 후 집안일을 하거나 TV를 시청하거나 스마트폰을 들여다볼 것이다. 결국 유일한 수입원은 직장밖에 없는 것이고, 투자에 대한 지식은 쌓지 못하고 있는 것이며, 이렇게 회사와 월급에 대한 의존도가 높을수록 경제적 자유의 길은 멀어질 수밖에 없다.

나는 어떻게 시간 투자에 성공했는가

운이 좋았는지, 어쩔 수 없는 환경 탓이었는지 내 스무 살은 시간의 효율을 강요받았다. 나의 시간은 두 개로 나뉘었는데, 낮에는 대학생의 시간을, 저녁에는 직장인의 시간을 보냈다. 그래서 본격적으로 사회생활을 시작하기도 전에, 빠르게 종잣돈을 마련할 수 있었다. 물론 그 과정은 결코 쉽지 않았다.

일을 마치고 집에 돌아오면 보통 새벽 2시. 다음날 8시까지 학교에 가야 했던 나는 녹초가 된 몸으로 새벽에 일어날 자신이 없어서, 벽에 기대어 앉아서 자곤 했다. 그럼 불편해서라도 깊이 잠들지 못하고 새벽에 눈이 떠졌기 때문이다. 제대로 식사를 할 시간도 없었다. 조금이라도 시간을 아끼기 위해 공강 없이 빽빽하게 시간표를 짰고, 강의가 끝나면 바로 일을 하러 간 탓이다. 이동 중 길거리 포장마차에서 가래떡 어묵 3개 정도로 허기를 달래는 생활이 이어졌다. 그때의 경험 탓인지 지금도 몇 끼를 연속으로 굶어도 배고픔을 느끼지 않는다. 그러다 건강이 나빠져 한의원을 찾았는데, 상태가 너무 안 좋아서 한약으로 치료할 수준이 아니라며 당장 일을 그만두고 쉬어야 한다는 한의사의 말에 그냥 돌아오고 말았다. 아마 그 생활이 계속됐다면, 건강을 크게 잃었을 것이다.

공부방을 차린 이후 시급이 올라가면서 수입도 늘었고, 덕분에 일하는 시간을 이전보다는 줄일 수 있었다. 그때부터 본격적으로 투자 공부를 시작했다. 시작이 너무 늦었다는 후회와 조급함에 잠자는 시간을 줄여가며 주식 서적, 부동산 서적, 경제 주간지를 읽었고, 자는 시간에도 잠만 자는 것이 아까워 경제 방송을 틀어놓고 누웠다. 잠결에라도 투자 공부를 하겠다는 심산이었다. 1분 1초도 허투루 쓸 수 없다는 간절함이 있었다.

대학을 졸업하고 직장생활을 시작한 첫해에는 다소 마음의 여유가 생기기도 했다. 그래서 퇴근 후 프로야구를 보면서 맥주를 마시기도 하고, 드라마나 예능 프로그램을 찾아보기도 했다. 하지만 그 생활은 오래가지 않았다. 내가 여유를 즐길수록 부모님께 집을 장만해 드리고 가게도 하나 차려드린 후, 나 역시 경제적으로 자유로운 삶을 살겠다는 목표와 점점 멀어졌기 때문이다. 당시 나의 한 달 월급은 187만원. 월세와 생활비를 제하면 100만원도 남지 않았고, 이를 모두 저축해도 1년에 모을 수 있는 돈은 1,000만원 정도였다. 1억을 모으기까지 걸릴 시간은 10년. 이미 대학 시절 벌어놓은 돈이 있다고 해도 아직 절대적으로 부족했기에, 이런 식이라면 경제적 자유는 그야말로 언감생심에 불과했다.

당장 TV를 끊었다. 그리고 잠자는 시간을 줄였다. 취직 후 7시간 정도는 확보했던 수면 시간을 5시간으로 줄였고, 일이 많을 때는 3~4시간만 잤다. 5~6시간 취침은 몸에 아무런 문제가 없었고,

3~4시간 취침은 몸에 다소 부담이 되었다. 그래서 밤에 3~4시간을 잘 때는 출퇴근 시간, 버스와 지하철에서 쪽잠으로 부족한 잠을 보충했다. 그렇게 확보한 시간은 모두 투자나 N잡에 썼다.

이후 첫 재테크 책을 썼을 때, 나는 배에서 군 복무 중이었다. 작은 배를 타본 사람은 알겠지만 파도로 인해 계속 멀미를 달고 살 수밖에 없다. 멀미가 있는 상태에서 일하고 밥을 먹다보니 피로도가 높은 편이었고 휴식이 절대적으로 필요했다. 하지만 아무것도 하지 않고 쉬는 시간이 너무 아까웠다. 그래서 휴식 시간에 당시 재테크에 대해 하고 싶은 말들을 메모하기 시작했다. 그리고 배에서 내려 육지에 나왔을 때 타이핑을 했다. 그렇게 1년가량 작성해서 나온 첫 책은 출간 직후 베스트셀러가 되었고, 잠을 줄여 쓴 책 덕분에 이후 작가의 길을 갈 수 있었다.

시간 투자법의 2가지 핵심

물론 나의 경우는 극단적인 부분이 있는 것이 사실이다. 체력적인 부분이나 업무 환경상 이렇게까지는 할 수 없는 사람도 많을 것이다. 간절함이 없으면 불가능한 일이며, 간절하더라도 상황이 허락되지 않는 사람도 분명 있으리라 생각된다. 그래서 나의 경험을 토대로 누구나 적용할 수 있는 시간 투자법을 소개해보려고 한다.

첫 번째 핵심은 가용할 수 있는 시간을 최대한 확보하는 것이다.

체력, 집중력, 주변 환경 등에 따라 사람마다 투자할 수 있는 시간의 양이 다를 수밖에 없다. 보통 6~7시간을 자면 충분하다고 보지만, 어떤 이는 8시간 이상을 자야만 하는 경우도 있고 어떤 이는 4~5시간만 자도 되는 경우도 있다. 회사, 집안일, 수면 등으로 내가 반드시 써야 할 시간을 제하고 남은 시간을 계산해보자. 하루 2시간이라도 괜찮다. 그 2시간이 쌓이고 쌓이면, 나중에는 남들과 큰 격차를 만들어낼 수 있으니 말이다. 중요한 것은 '이 시간만은 반드시 목표한 일에 투자한다'는 원칙은 무슨 일이 있어도 지켜야 한다는 사실이다.

어떤 청년을 상담한 적이 있는데, 고된 육체노동을 하다보니 밤 10시에는 무조건 자야 다음날 일하는 것이 가능하다고 했다. 그래서 이 친구에게 평일에는 그냥 쉬되, 주말 이틀은 무조건 자기계발에 힘쓰라고 조언해줬다. 사람마다 투자할 수 있는 돈의 액수가 다르듯, 투자할 수 있는 시간의 양도 다른 법이다. 나의 환경과 조건에서 최대한 많은 시간을 투자하도록 노력해보자.

무엇보다 중요한 것은 시간의 양이 아니라 시간의 효율이다. 어떤 사람은 하나의 과제를 하는 데 3시간이 걸리고, 또 어떤 사람은 같은 과제를 1시간 만에 뚝딱 해치운다. 후자의 경우는 똑같은 시간을 투자할 때 남들보다 과제를 3배 이상 해낼 수 있는 것이다. 설사 타고 난 능력이 없더라도 시간의 효율은 얼마든지 높일 수 있는데, 그 구체적인 방법에 대해서는 뒤('자본의 시간을 확보하는 법'과 '속도를 배로 올려주는 메타 활용법')에서 자세히 설명하겠다.

두 번째 핵심은 '공간'이다.

나는 직장과 가까운 곳으로 집을 구했는데, 회사와 집을 오가는 동선을 최대한 줄여 시간을 확보하고자 한 것이다. 또 공간 분리 기술도 활용해, 일하는 공간과 쉬는 공간을 철저히 분리했다. 한 공간에서 잠도 자고 공부도 하면, 뇌의 모드 전환이 원활치 않아 일의 효율이 떨어진다. 집에 있으면 괜히 눕고만 싶어지고, 집중이 잘되지 않는 경험을 누구나 해봤을 것이다.

그래서 나는 퇴근 이후 집 근처 식당에서 간단히 끼니를 해결하고 24시간 영업하는 카페에 갔다. 그 카페에서 보통 새벽 2시, 바쁠 때는 새벽 3시까지 글을 썼다. '카페=글 쓰는 공간'이라는 공식이 확실히 성립되자, 집에서는 10시간이 걸리던 일도 카페에서는 5시간 정도에 끝낼 수 있었다. 그렇게 10년 동안 15권의 책을 출간했다. 1개의 시나리오와 14개의 강의 시리즈 대본도 완성했다. 이 중에서 대박이 난 것은 한 달에 1,000만원의 인세를 안겨주었다. 수입이 좋은 달은 한 달에 2,000만원의 인세가 들어오기도 했다.

물론 쪽박이었던 것도 많고, 성공률은 높지 않다. 하지만 나는 손해 본 것이 없다. 남들이 잠자고 놀 시간에 나는 글을 쓰는 데 투자했고, 그 결과 인세만으로 강남 건물주와 맞먹는 수익을 낼 수 있었다. 물론 건물주는 일하지 않고도 무한 수익을 취할 수 있고, 나는 계속 일을 해야 건물주와 같은 수익을 낼 수 있다. 하지만 글은 쓰면 쓸수록 가치가 올라간다. 10년 동안의 추이를 볼 때 들어오는 인세가 점점 늘어나고 있다. 뿐만 아니라 이를 기반으로 한 사업의 영역도 늘어나고 있다.

우리는 모두 두 개의 시간을 가지고 있다. 어떤 사람은 그것이 일의 시간과 휴식의 시간이고, 어떤 사람은 그것이 일의 시간과 자본의 시간이라는 차이가 있을 뿐, 누구나 두 개의 시간을 산다는 것은 동일하다. 그리고 경제적 자유를 얻느냐, 얻지 못하느냐는 이 두 개의 시간을 어떻게 구성하느냐에 달려 있다. 당신은 지금 어떤 시간을 보내고 있는가.

종잣돈을 모으면서
반드시 해야 할 '이것'

경제적 자유는 두 개의 시간을 어떻게 사용하느냐에 달려 있다. 일의 시간을 제외한 나머지 시간을 철저히 자본의 시간으로 살아야, 우리가 바라는 경제적 자유가 가능하다. 나의 경우 자본의 시간 동안 N잡을 통해 종잣돈을 빠르게 마련하는 동시에 투자 공부, 실전 투자들을 병행하며 이 시간의 효율을 극대화했다. 핵심은 '병행'이다.

흔히 종잣돈을 모을 때는 여기에만 집중하는 경우가 많다. 돈을 모으는 동안, 아무런 투사 준비노 하지 않는 이유는 아직 논이 없기 때문에 투자 공부를 할 필요가 없다고 생각하기 때문이다. 아니면 투자 공부가 운전면허 취득처럼 한 달 정도면 충분하다고 생각했을 수도 있다. 하지만 투자 공부는 꽤 오랜 시간이 걸린다. 돈을 모은 뒤 시작하던 늦는 것일 뿐 아니라 이전의 시간을 버리는 일이기도 하다.

투자에서 가장 많이 말하는 것 중 하나가 연 수익률(%)이다. 1억원으로 5억원을 만들었다고 하더라도, 몇 년이 걸렸느냐가 중요하다. 1년 안에 만들었으면 연 400%의 수익률이지만, 10년 안에 만들었다면 복리로 계산했을 때 연 17%의 수익률이 된다. 그만큼 시간은 부에 있어서 굉장히 중요한 요소다. 우리도 투자에 있어서 시간을 최대한 잘 활용해야만 부자가 될 수 있다.

강연을 하다가 많이 듣는 질문 중 하나가 '이제 어느 정도 종잣돈을 모았는데 어디에 투자하면 좋겠는가'이다. 그 질문에는 '어디에 투자할지 정하지 않고 돈을 모으기만 했다'라는 의미가 담겨 있다. 안타까운 일이다. 돈을 모았을지는 모르지만, 시간을 잃었기 때문이다.

투자 공부의 2단계

종잣돈을 마련하는 동시에 반드시 투자 공부를 병행해야 한다. 어찌 보면 자본의 시간 역시 저축의 시간과 공부의 시간이라는 두 개의 시간으로 한 번 더 나뉜다고 할 수 있다. 여하튼 이 투자 공부에는 몇 가지 단계가 있는데, 하나씩 살펴보도록 하자.

첫째, 지금껏 단 한 번도 투자 공부를 해본 적이 없는 사람이라면 저축과 동시에 지금 당장 경제 공부부터 시작하자.

틈만 나면 경제지를 읽으면서 모르는 단어들을 검색해보라. 경제 용어들을 익히다보면 자연스럽게 개념이 잡힌다. 서점도 자주 찾아야 한다. 서점 베스트셀러 코너에 가면 요즘 재테크의 트렌드를 알 수 있다. 아파트 투자, 청약, 경매, 빌라, 지식산업센터 등 부동산의 트렌드와 미국 주식, 산업 분석, 거시 경제, 메타버스, NFT 등 주식의 트렌드를 한번에 파악할 수 있는 기회다. 왜 지금 이것들이 트렌드가 되고 있는지 공부한다는 마음으로, 책들을 읽다보면 조금씩 깊이 있는 지식이 쌓이게 된다.

돈을 모으는 시간에 경제 공부를 함께하면 좋은 점은 돈을 모아야겠다는 의지가 더 명확해진다는 것이다. 주간지를 보면 3,000만원으로 이런 투자를 할 수 있다는 정보들이 나온다. 물론 지금은 3,000만원이 없어 관심 없이 지나칠 수 있다. 그런데 몇 년 뒤 당시 3,000만원으로 투자 가능했던 것이 지금은 1억원이라는 소식을 접하게 되면? '만약 더 빨리, 더 열심히 돈을 모았다면 그 1억의 주인공은 나였을 텐데' 하면서, 지금이라도 분발하겠다는 의지를 다질 수 있다.

반대로 예전에 무척 매력적이라고 생각했던 투자가 몇 년 후 쪽박을 찼다는 뉴스를 보게 되면, '그때 투자하지 않길 다행'이라며 가슴을 쓸어내리게 된다. 그리고 투자에 있어 신중함과 안목, 공부가 얼마나 중요한지 깨닫고 너 열심히 공부하게 된다. 그렇게 어디에, 어떻게 투자할지 철학을 정립할 수 있다.

둘째, 기초적인 경제 공부는 어느 정도 마친 사람이라면, 종잣돈을 마련하는 동시에 투자 연습을 시작하자.

사람에 따라 다르겠지만, 보통 목돈을 모으기까지 4~8년 정도 걸린다. 한 달에 100만원씩 모은다고 하면, 3,000만원까지 2년 반, 5,000만원까지 4여 년, 1억까지 8여 년이 걸린다. 1억을 만들고 나면 20대 청춘이 끝나 있는 것이다. 물론 30대도 늦은 것은 아니다. 30대 때 본격적인 투자를 통해 풍족한 40대를 만들겠다는 목표였다면, 그 목표 역시 잘못되지 않았다. 문제는 절대 계획처럼 되지 않는다는 것이다.

간절히 경제적 자유를 꿈꾸는 사람이라면 열심히 종잣돈을 모으는 동시에 재테크 책과 방송, 강연을 통해 언젠가의 투자를 위한 공부를 할 것이다. 좋은 자세임에 분명하지만, 이것만으로는 부족하다. 투자 공부의 완성은 '실전'이기 때문이다. 이론 공부를 통해 기초 지식을 쌓았다면, 실전을 통해 실력을 연마해야 한다. 주식이든 부동산이든 상승장과 하락장을 모두 만나봐야 평생 투자를 할 수 있는 실력이 갖춰지는데, 이 경험을 얻으려면 꽤나 긴 시간이 필요하다.

서른 살에 1억을 모았다고 하자. 이때부터 주식을 시작해 수익을 내면, 자신이 주식을 잘한다고 생각해 이것저것 투자를 할 것이다. 그러다 하락장이 열리면, 본인의 실력이 아니라 단지 운이 좋았다는 사실을 깨닫게 되고, 손실이 가득한 계좌를 보며 한숨만 내쉴 뿐이다. 투자는 심리게임이다. 상승장에서 찾아오는 탐욕과 하락장에서 느끼는 공포를 이겨내는 연습이 필요하다. 상승장과 하락장에서 직접 소액이라도 투자해보면서 욕심을 억제하고 공포를 다스리는 연습을 하면, 다음 상승장에서 수익을 낼 수 있는 든든한 경험치가 쌓인다. 산전수전 다 겪은 투자자는 망하지 않는 법이다.

국내 주식의 경우 보통 끝자리가 3인 해에 코스피 저점이었고, 끝자리가 8인 해에 고점이었다. 즉 상승장과 하락장 한 바퀴를 도는 데 보통 10년이 걸린다는 뜻이다. 실전 연습을 빨리 시작해야 하는 이유다.

지금 당장 실전 연습을 시작하라

아직 종잣돈이 충분히 마련되지 않았는데 어떻게 투자를 시작하냐고? 간단하다. 소액으로 시작하면 된다. 나의 경우 대학 시절 투자 공부를 하면서 2007년 빚을 모두 갚은 후 300만원이 모이자마자 본격적인 투자를 시작했다. 처음에는 수익도 쏠쏠히 올려서 금방 엄청 빌 것 같있는데, 2008년 글로벌 금융위기기 오면서 코스피가 2,000에서 800대로 내려갔고, 내 300만원은 120만원이 돼 있었다. 계좌 손실 -60%, 그나마 우리나라 대표 우량주를 보유했기 때문에 이 정도였다. 이때 더 사야 부자가 된다는 시나리오를 짰고 그대로 실현하려고 했는데, 워낙 공포장이다보니 머리로는 이해가 가도 손이 움직이지 않았다. 그래서 추가 매수는 못하고 보유만 했다. 워런 버핏의 책을 통해 '원금을 잃지 않아야 한다'는 원칙을 세웠던 덕이다.

물론 견디기가 쉽지 않았다. 당시 하루하루 일기를 썼는데 엄청나게 부정적인 언어들로 가득했다. 마치 전쟁이 나서 내가 사는 곳이 적군에 점령당한 수준의 공포와도 같았다. 세상이 망할 것 같았지만, 시간이 지나자 결국 증시는 회복되기 시작했다. 그리고 6개월 후 다시 잔고가 300만원이 됐다. 비록 돈을 벌지는 못했지만, 하락장을 견뎌내는 용기를 배웠으니 더 큰 것을 얻은 셈이었다.

여기서 잠깐, 주가가 크게 내리면 이걸 생각해봐야 한다. 내가 가진 주식이 우량주인가, 아니면 잡주인가? 우량주라면 시간이 해결해준다. 보유하다보면 본전으로 다시 올 가능성이 높다. 그런데 사람들은 가장 손실이 큰 구간에서 빨리 안 팔면 더 큰 손해를 볼 것이라며 매도를 하는 악수를 둔다. 어차피 그 정도 손실이면 손절을 해도 남는 돈이 없는데도 말이다. 우량주에 투자하거나 지수에 장기 투자하면 돈을 번다는 것은 모두가 알고 있는 지식이지만, 중간의 하락을 견뎌낼 만큼 경험을 가진 사람은 별로 없다. 대부분 주가가 잠깐 떨어졌을 때 두려움을 이기지 못하고 팔고 나온다. 그래서 실전 연습이 중요하다. 소액 투자를 통해 상승장과 하락장, 그리고 하락장 이후의 회복을 모두 겪어야만 나중에 거액을 투자했을 때도 일희일비하지 않는 것이 가능하다.

만약 내가 종잣돈을 충분히 모으고 투자를 시작했더라면, 인생에 몇 번 오지 않을 큰 하락장을 경험하지 못했을 것이다. 그런데 종잣돈이 모이기도 전에 일찍 투자를 하다보니 2008년, 2011년, 2018년, 2020년(모두 알다시피 2020년은 하락장과 상승장이 공존했다) 큰 하락장을 경험해볼 수 있었다. 그러면서 공포장, 상승장에서 나의 심리와 대중의 심리, 탐욕과 공포의 정도를 알 수 있었다. 경제적 자유를 이루는 데 가장 큰 도움이 되었던 것은 이 커다란 하락장들의 경험이다. 모두가 두려워할 때 쓸어 담아야 한다는 교과서적인 투자 원칙에, 실제로 행동해본 경험이 더해져야만 종잣돈이 충분히 모였을 때 기계적으로 매수할 수가 있다.

부동산의 경우는 종잣돈이 많이 들어가기에 소액으로 실전 연습을 하는 것이 불가능하다. 하지만 그렇다고 해서 경험을 못하는 것은 아니다. 진짜 투자를 한다는 마음으로 여러 지역을 방문해보면서 도시의 구조, 인구 구성, 시세, 교통을 분석하는 경험을 하는 것이 중요하다. 앞서 말했듯 '정말 마음에 들면 빚을 내서라도 투자하겠다'고 결심하고, 정말 실전처럼 투자를 연습해보자.

가장 먼저 추천하는 것은 10년 안에 지어진 전국 신도시를 둘러보는 일이다. 외관이 대부분 비슷하다는 사실을 알게 될 것이다. 그리고 근처 구도심의 매매, 전세 시세가 어떻게 되었는지, 신도시는 시세가 어떻게 되었는지 사례를 비교해보면 도움이 된다. 이제 종잣돈이 모였을 때 사고 싶은 아파트가 나오면, 과거의 이 사례들이 기억날 것이다. 돈이 모자라니 구도심으로 갈지, 신도시 전세로 들어가는 게 나을지 고민할 때, 과거의 경험이 떠오르면서 돈이 되는 한도 내에서 신도시 아파트 중 $84m^2$ 이하에서 가장 좋은 매물을 사는 것이 정답임을 기억하게 된다. 연습이 없었다면 불가능한 판단이다.

투자 공부의 가장 큰 이점은 새로운 기회의 발견에 있다. 나의 경우 메타버스 주식에 투자하기 위해 공부하다가 메타버스 사업에 진출하기로 했고, 주식 투자를 위해 군산 지역에 갔다가 부동산 투자처를 찾아내기도 했다. 사업 때문에 판교를 자주 방문하다가 판교 부동산의 가치를 일찍 깨달았고, 판교에 몰린 매력적인 기업들을 관찰하다가 남들이 주목하기 전 해당 기업의 주식들을 샀다. 즉 투자를 위한 공부는 주식에서 부동산으로, 부동산에서 사업으로, 사업에서 주식으로 영역을 넘나들게 하는 바탕이 되는 것이다.

　이렇게 되면 기회가 1번이 아니라 3번으로 늘어나고, 투자의 기회가 많아질수록 선택지도 넓어지게 된다. 그럼 그중에서 가장 확실하고 수익을 낼 수 있는 투자를 골라 하면 되는 것이다.

속지 않고
살 수 있다

투자 공부를 하면서 내가 얻은 것 중 하나는 사람을 보는 눈이다. 과거 전문가라고 불렸던 사람들이 시간이 흐르면서 상당수 존재를 감췄기 때문이다. 이를 보면서 누가 진짜 전문가이고 누가 가짜인지 알 수 있었다. 투자 세계에서 말을 잘하는 사람, 자신의 이론을 강하게 주장하는 사람은 인기를 끈다. 하지만 이들은 진짜 투자자가 아니다. 진짜 투자자는 10년 이상 투자 세계에서 살아남아 부를 지킨 사람들이다. 그리고 이들은 대부분 대중의 눈에 띄고 싶어 하는 마음도 없고, 존재를 드러내려고 하지도 않는다. 그들과 대화를 나누다보면 주식에 대해서 언제나 두려움을 가지고 있기에 겸손한 자세로 투자한다는 사실을 알 수 있다. 즉 진짜 투자자들은 성공을 확신하면서 다른 사람에게 투자를 부추기는 일 따위는 하지 않는다.

성공을 여러 번 한 고수도 투자의 성공을 확신할 수 없다. 그런데 성공을 확신하며 투자를 부추기는 자가 있다면, 그는 투자 경험이 적거나 사기꾼일 가능성이 높다. 투자에서 수익률을 강조하고 리스크를 설명하지 않는 사람도 당신의 욕심을 자극하고 두려움을 억눌러 잘못된 판단을 하도록 유도하는 자다. 아니면 당신이 거기에 투자해야 이익을 낼 수 있는 사람이다. 보통 그런 사람들은 본인은 투자하지 않으면서, 다른 사람이 투자하도록 유도한다. 그토록 성공이 확실한 투자인데, 왜 본인은 하지 않는 걸까? 답은 간단하다. 사기꾼이기 때문이다.

투자에서 사기꾼을 안 만나는 것만큼 큰 행운도 없지만, 보통 투자를 하다보면 어쩔 수 없이 사기꾼을 만나게 된다. 그들의 기술에 현혹되지만 않는다면 위험은 없다. 내가 충분한 지식과 경험을 가지고 있어야만 그들의 기술에 넘어가지 않을 수 있다는 사실을 기억하라. 자본의 시간을 통해 투자 공부를 하면, 남에게 의존하지 않고 자기 자신이 공부하며 책임지는 투자를 하면, 이런 사기꾼들을 걸러낼 수 있다. 즉 속지 않고 살 수 있다.

'이 정도면 됐지'라는 속삭임

사실 투자를 하다보면 사기꾼을 만나지 않더라도 속는 일이 자주 생긴다. 그중 하나는 나에게 속는 경우다. 정확히 말하자면 나의 불안함이 나를 잘못된 선택으로 이끄는 경우가 많다는 뜻이다.

투자만 하고 그것을 바라보는 일은, 배고픈 상태에서 끓고 있는 라면 냄비를 지켜보는 일과 같다. 어서 빨리 허기를 채우고 싶은 마음이 앞서면, 면이 채 익기도 전에 불을 끄고 만다. 설익은 면발을 먹으며 후회해봤자 소용없는 일이다. 투자도 마찬가지다. 어서 빨리 돈을 벌고 싶은 마음이 앞서면, 충분한 수익을 올리기도 전에 팔고 만다. '이 정도면 됐지'라는 스스로의 속삭임에 넘어가는 것이다. 더 안 좋은 경우는 심한 가격 변동에 불안함이 커지고 결국 스트레스에 못 이겨 팔고 마는 상황이다. 손절이 거듭되면, 이를 만회하기도 어렵고 이익을 보기는 더더욱 어렵다.

그래서 투자를 하고 있는 와중에도 시간을 낭비하지 말고 다음 투자처를 계속 찾아놓아야 한다. 이는 지금 투자한 곳에 대한 예민함을 떨어트리기 위한 작업이다. 다음 투자처를 찾는 작업에 집중하다 보면, 현재 투자한 것에 대해 관심을 덜 기울일 수 있고 가격 변화에도 둔감하게 반응할 수 있다. 더욱이 다음 투자처를 미리 찾아놓는 일은 쓸데없이 돈을 놀리는 일도 방지한다. 지금 투자한 3,000만원이 언제 2배가 되어 6,000만원이 될지는 아무도 알 수 없다. 6,000만원이 된 후에야 이제 다시 어디에 투자할지 고민한다면, 그만큼 돈이 놀게 된다. 이때 서둘러 투자해야 기회비용을 줄일 수 있다는 생각에 성급한 투자를 할 수도 있다. 다음 투자처를 미리미리 물색해야, 돈을 놀리거나 성급하게 잘못된 투자를 하는 일이 없는 것이다.

다음 투자처를 찾을 때는 안전자산도 많이 마련해둬야 한다. 종잣돈이 점점 불어날수록 시간의 가치는 점점 더 커진다. 한 번 투자를 잘못하면 잃게 되는 돈도 크지만, 이를 수습하고 회복하는 데 엄청난 시간을 소비하게 된다. 시간을 잃지 않으려면 원금을 잃지 않는 것이 중요한데, 이를 위해서 필요한 것이 안전자산이다. 원금만 보존하는 것도 기회비용의 손실이 발생하긴 하지만, 원금이라도 지키면 추후 좋은 기회에 얼마든지 돈을 불릴 수 있다. 그래서 투자로 돈을 불려나가는 동시에 안전자산도 확보해야 한다.

예를 들어, 지금보다 금리가 더 오르고 경제가 더 나빠질 경우에는 예금에 몇 퍼센트 투자를 하겠다는 계획이 이미 세워져 있어야 하고, 금리가 내려가면서 경제가 더 나빠질 경우에는 달러 예금에 몇 퍼센트를 투자한다는 계획이 있어야 한다. 그래야 만약의 사태가 터졌을 때 빠르게 대처해서 내 자산을 지킬 수 있다. 군인들이 적의 공격 시 어떻게 대응한다는 훈련을 사전에 해두는 것처럼, 우리 역시 시나리

오를 끊임없이 그려놔야 일이 터졌을 때 당황하지 않고 이성적인 판단을 할 수 있는 것이다.

지금껏 이야기한 내용을 정리해보자.

첫째, 종잣돈을 모을 때 투자 공부를 동시에 해서 무의미한 시간을 줄여라.

둘째, 소액이라도 투자를 시작하고, 소액 투자도 어렵다면 진짜로 투자할 것처럼 연습해보라.

셋째, 본격적으로 투자에 뛰어든 이후에도, 다음 투자처를 물색하고 위기에 대응하라.

이렇게 한다면 돈을 모으는 시간을 더 효율적으로, 그리고 더 값지게 사용할 수 있다.

자본의 시간을 확보하는 법

이제 우리는 '일의 시간'과 '자본의 시간'이라는 두 개의 시간으로 살아야 한다는 사실을 알았고, '자본의 시간'을 종잣돈 마련, 투자 공부, 실전 투자 등으로 채워야 한다는 사실도 알았다. 자본의 시간이 길면 길수록 경제적 자유에 더 가까워질 수 있다는 것 역시 깨달았다. 그럼 이 자본의 시간을 최대한 많이 쓰려면, 어떻게 해야 할까?

'휴게소' vs '종착지', 당신의 선택은?

인생 역전을 꿈꾼다면, 남들이 휴게소에서 간식을 사 먹을 때 과감히 그 휴세소를 지나져야 한다. 운전자에게 고속도로 휴게소는 달콤한 유혹이다. 화장실만 갔다 오려고 해도 온갖 맛있는 냄새가 코를 찌른다. 그런 휴게소를 그냥 지나치는 것만으로도 괴로운데, 인생의 휴게소를 외면하는 괴로움은 오죽할까. 인스타그램을 보면 인생의 휴게소에 들른 친구들의 사진이 잔뜩 나온다. 멋진 카페, 멋진 여행지, 멋진 모임 속에 있는 그들의 모습은 하나같이 행복해 보이고 멋있게만 느껴진다. 지금 당장은 나만 유행에 뒤처진 것 같고, 소외된 것 같다는 생각이 들 수 있다. 하지만 생각을 바꿔야 한다. 그 수많은 인생의 휴게소들을 지나친 덕에, 당신은 누구보다 빨리 바라던 목적지에 도착할 수 있다. 그리고 아주 오랫동안 편하고 행복하게 지낼 수 있다.

휴게소에서의 짧은 휴식을 택할 것인가, 아니면 종착지에 누구보다 빠르게 도착해 오래도록 안락하게 지내는 삶을 택할 것인가? 후자를 택한 당신이라면, 이제 부자가 되기 위해 돈을 모으는 동시에 흩어진 시간들도 모아보자. 그 방법은 생각보다 간단하다.

불필요한 시간을 지우면, 1년에 최소 1,000시간은 확보할 수 있다. 불필요한 시간이란, 철저히 경제적 자유에 초점을 맞춘 개념이다. 즉 내가 경제적 자유를 이루는 데 도움이 되지 않는 시간은 모두 불필요하다고 보는 것이다.

여행, 여가, 친목 등 삶에는 분명 도움이 되지만, 경제적 자유에는 아무런 도움이 되지 않는 활동들이 있다. 우리는 이런 활동들에 얼마나 시간을 쏟고 있을까? 주말에 1박 2일 여행을 가면 보통 36시간 정도를 소비한다. 잠자는 시간과 먹는 시간은 집에서도 필요하니, 수면 시간과 식사 시간을 제하면 대략 25시간 정도를 여행에 쓰는 셈이다. 한 달에 한 번 여행을 간다면, 1년에 300시간을 중요하지 않은 일들에 사용한다고 볼 수 있다. 친구들과의 만남은 어떨까? 이동 시간까지 포함해 대략 5시간이 소요되는데, 일주일에 한 번만 만난다고 해도 한 달이면 20시간, 1년이면 240시간이다. TV와 스마트폰에 쓰는 시간은 훨씬 더 많다. 하루 평균 3시간으로 어림잡아도, 월 90시간, 연 1,080시간을 TV와 스마트폰에 소비한다. 이렇게 따지면 연 1,000시간을 확보하기란 그리 어려운 일이 아니다.

첫째, 불필요한 모임은 가지 말자.

나는 예전에 월 1회 모임을 17개나 다녔던 적이 있다. 처음에는 여러 사람을 만나고 다양한 이야기를 듣는 것이 재미있었지만, 평일에 모임을 다녀오고 나면 아무것도 할 수 없었고 차츰 회의감이 밀려왔다. 그러다 2년간 먼 곳으로 파견을 가게 되면서, 17개의 모임에서 빠지게 되었다. 이후부터 퇴근 후 온전히 다른 일에 시간을 쏟을 수 있었고, 그렇게 일에만 집중하자 부수입이 빠르게 늘었다. 물론, 모든 모임이 불필요한 것은 아니다. 사람과 정보, 기회를 얻을 수 있는 모임은 당연히 필요하다. 그 기준을 잘 세워야 소중한 시간을 아낄 수 있음을 기억하자.

둘째, 출퇴근 시간을 줄여보자.

아는 분은 직장이 시청에 있는데 집이 송도였다. 출퇴근 시간만 왕복 4시간이 걸렸다. 무려 4시간을 길에 버린 셈이다. 각자의 사정이란 것이 있겠지만, 출퇴근에 시간을 소비하는 것은 매우 비효율적이다. 만약 어쩔 수 없는 사정상 출퇴근 거리를 줄일 수 없다면, 그 시간을 자본의 시간으로 활용해보자. 대중교통을 이용한다면 재테크 관련 책을 읽거나 동영상 강의를 보거나 하며 투자 공부를 하는 것이다. 실전 연습을 하는 단계라면, 스마트폰을 통해 주식이나 부동산 투자에 필요한 정보들을 얼마든지 찾을 수 있다. 자차를 운전하는 경우라도 방법은 있다. 라디오 경제 방송이나 오디오북을 듣는 것이다. 물론 출퇴근 시간을 줄여 확보한 시간에 온전히 투자 공부에 집중하는 것이 가장 좋지만, 그럴 수 없더라도 방법은 얼마든지 찾을 수 있는 것이다.

셋째, 여행을 공부의 기회로 활용하자.

무일푼의 상태에서 종잣돈을 모으는 단계에는 여행을 가지 않는 편을 추천하지만, 어느 정도 종잣돈을 마련했다면 여행은 좋은 투자 공부의 방법이 될 수 있다. 나의 경우 국내 여행을 갈 때는 반드시 그 지역의 신도시와 주거지를 찾는다. 직접 눈으로 확인하면서 투자를 해볼 만한 지역인지를 판단하는 것이다. 투자 가치가 있다고 생각되면, 여행에서 돌아온 후 네이버 부동산으로 시세를 확인하고 머릿속에 저장해둔다. 이후 근처에 여행을 갈 때마다 같은 작업을 반복한다. 설사 실제 투자로 이어지지 않더라도 내 머릿속에 시세 그래프가 입체적으로 그려져, 다른 지역에 투자할 때 좋은 데이터가 된다. 물론 네이버 부동산에도 가격 그래프가 나오지만, 직접 눈으로 보고 머리로 기억한 데이터가 훨씬 더 오래, 깊이 남는 법이다.

만약 국내 여행 중 정말 매력적인 곳을 발견했다면, 현장에서 부동산을 찾기도 한다. 지역 사람만 알고 있는 정보를 구하기 위해서다. 여러 부동산을 방문해 원하는 정보가 모아지면, 다시 여행을 지속한다. 여행에 집중하면서 투자에 대한 조급증을 잠시 접어두는 것이다. 이후 집에 돌아와 자료를 조사하면, 현지에서는 보이지 않았던 리스크도 알게 되고 이성적인 분석이 가능해진다.

'투자 공부를 하고 싶긴 한데, 바빠서 시간이 없어', '나도 N잡으로 돈을 벌고 싶지만, 잠잘 시간도 부족한걸'이라고 말하는 사람이 많지만, 정작 생활을 들여다보면 곳곳에서 시간을 낭비하고 있는 경우가 대부분이다. 그러면서 세상은 불공평하다고 닷하며, 어차피 불공평한 세상에서 노력해봤자 별수 없다고 합리화하면서 다시 스마트폰을 만지며 잠든다. 그러면 당연히 희망은 없다.

하루 24시간은 어디 도망가지 않는다. 잠자는 시간, 회사에서 일하는 시간을 빼고는 모두 내가 어떻게 하느냐에 달려 있다. 경제적 자유를 위해서는 돈뿐 아니라 시간도 모아야 한다는 사실, 그리고 이 '시간의 종잣돈'을 효율적으로 사용해야 한다는 사실을 명심하기 바란다.

나에게 맞는 시간의 황금 비율을 만들라

시간을 모았다면, 이제 이를 잘 활용할 차례다. 모은 돈을 좋은 투자처에 잘 투자해야 막대한 이익을 올릴 수 있듯이, 모은 시간을 적당한 곳에 효율적으로 투자해야 큰 수익을 거둘 수 있다. 나의 경우 확보한 시간은 책을 쓰는 일, 프로그램을 기획하는 일, 칼럼을 쓰는 일, 유튜브 대본을 만드는 일 등에 썼다.

이 일들을 시간표에 어떻게 배치하는가가 관건이었는데, 우선 일을 이행 시간이 정해진 일, 마감 시간이 정해진 일, 시간이 정해지지 않은 일로 구분했다. 그리고 가장 먼저 이행 시간이 정해진 일을 시간표에 배치했다. 예를 들어 토요일 2시에 종로에서 강의하는 일정이 잡혀 있다면, 이후 미팅 등의 일정을 토요일 종로로 몰아서 이동 시간을 아끼는 전략을 썼다. 다음으로 마감 시간이 정해진 일들은 대부분 집필이라서, 주로 평일 저녁에 배치했다. 글을 쓰는 일들을 평일 저녁에 처리한 이유는, 낮에 근무한 뒤의 체력을 고려했기 때문이다. 이동이 많은 일, 신체를 쓰는 일은 아무래도 평일 저녁에는 적합하지 않다. 또 갑자기 야근을 하거나 회식이 잡힐 수도 있기 때문에, 혼자서 할 수 있는 일을 배치한 것이다. 주말에는 주로 유튜브 촬영을 하는데, 세팅을 잡고 분장을 하는 등 녹화 전 준비 시간이 길기 때문에 유튜브는 하루에 몰아서 찍는 것이 좋다.

이렇듯 글을 쓰는 일은 평일 저녁, 촬영·강연·컨설팅·미팅 등은 주말에 몰다보니 자연스레 공간도 분리가 됐다. 주말에는 여러 곳을 돌아다니니 여행하는 기분으로 활기차게 일할 수 있었고, 평일 저녁에는 24시간 카페에 가서 차분하게 글을 쓰는 데 집중할 수 있었다. 앞서 '시간 투자법'의 두 번째 핵심으로 공간을 이야기했듯이, 공간을 분리하는 것은 시간을 분리하는 것만큼이나 중요하다. 나는 늘 같은 카페에서 글을 썼는데, 그러다보니 카페 문을 여는 순간 쉬쉴 모드의 불이 들어왔다. '이제 열심히 글을 써야지' 각오를 다질 필요도 없이, 내 몸과 머리가 알아서 글을 쓸 상태로 전환된 것이다. 공간 분리의 효과다.

물론 내가 했던 방법은 내 루틴과 하는 일에 맞춰 최적화한 것이기에, 모두에게 통용되는 방법은 아니다. 각자의 직장이 다르고, 퇴근 후 하는 일이 다르기 때문에 모두가 이렇게 해야 한다고 말할 수는 없다. 다만 시간을 효율적으로 사용하는 하나의 사례로 소개한 것뿐, 각자가 자신에게 맞는 시간표를 짜고 실천해야 할 것이다.

속도를 배로 올려주는
메타 활용법

분식집 메뉴는 대부분 수십 가지가 넘지만, 무엇을 주문하든 5~10분 이내에 신속하게 나온다. 만약 사장님이 장인정신을 가지고 직접 면을 반죽하고 소스를 만들어내면, 음식맛은 좋아질지 모르지만 분식집 운영은 어렵다. 사람들이 분식집에 바라는 것은 보통의 맛과 빠른 속도이기 때문이다. 분식집 성공의 핵심은 맛보다는 속도와 회전율이다.

가진 것 없이 시작한 우리, 남들보다 출발선이 뒤처진 우리에게 필요한 것은 분식집의 속도와 회전율이다. 그리고 이를 가능케 하는 방법으로 소개하고자 하는 것이 '메타 활용법'이다. '메타meta'는 여러 가지 뜻이 있는데, 여기서 사용하고자 하는 의미는 '초월한', '(위치,

상태의) 변화와 관련이 있는'이다. 그 구체직인 활용법을 하나씩 살펴
보도록 하자.

첫째, 개념을 '초월'하라.

보통 사람들에게 주말이나 공휴일은 말 그대로 '휴일', 즉 쉬는 날
이다. 하지만 이런 일반의 개념을 초월해야 한다. 나에게 주말은 아침
9시부터 밤 12시까지, 신나게 일할 수 있는 시간이다. 15시간을 어떤
방해 없이 온전히 투자할 수 있는 기회다. 나는 토, 일 합쳐서 30시간
동안 유튜브도 촬영하고, 오프라인 강연도 가고, 대본도 작성한다. 당
신의 주말은 어떤 개념인지 생각해보기 바란다. 휴식의 개념이 아닌
자본의 개념으로 탈바꿈해야 할 필요성은 이제 더 이상 말하지 않아
도 알 것이라 생각된다.

만약 추후 프리랜서를 꿈꾸는 사람이라면, 본인이 퇴사 후 하고 싶
은 그 일을 주말 타임에 넣어보기를 추천한다. 주말에 관련된 아르
바이트, 교육 등을 경험해보면서 직장을 그만두고 할 만한 일인지를
미리 검증해보는 것이다. 아무래도 주말만 일하는 정기적인 일자리
를 찾기는 쉽지 않을 텐데, 앱을 사용해 자신을 판매하는 것도 방법
이다. 일례로 '크몽'이라는 앱에 들어가보면 주말에 프리랜서로 투잡
을 하는 사람들이 자신을 알리는 공고를 낸다. 처음에는 저가로 시작
하지만 포트폴리오가 쌓이면서 점점 가격이 올라 수입이 늘어나는

구조다.

　주말보다 더 소중한 날은 연휴다. 명절, 여름휴가 등만 합쳐도 2주가 넘는다. 15시간×14일이면 210시간, 앞서 우리가 확보한 1년 1,000시간의 5분의 1이다. 이 엄청난 시간을 어디에 쓸 것인가? 보통 명절은 가족을 만나는 시간, 여름휴가는 휴식을 통해 에너지를 충전하는 시간으로 여긴다. 주말과 달리, 이 개념은 완전히 초월하기는 어렵다. 대신 효과적인 스케줄 관리로 불필요한 시간 낭비를 줄일 수는 있다.

　나의 경우 명절 당일은 부모님께 인사를 드리러 가지만, 나머지 날들은 온전히 일하는 데 투자한다. 또 에너지 충전을 위해 여행을 가긴 하지만, 여름휴가 기간이나 긴 연휴가 이어지는 때에는 절대 가지 않는다. 남들이 모두 여행을 떠나는 연휴에는 길이 막혀서 대부분의 시간을 도로에서 보내야 하고, 숙박비는 평소보다 배 이상 비싸다. 관광지에 사람이 많아 사진 하나 찍기 어렵고, 주차장은 만석이라 차 댈 곳을 찾다가 시간을 다 잡아먹는다. 그렇게 연휴를 전투 치르듯 보내고 나면, 에너지가 충전되기는커녕 방전되기 십상이다. 그렇기에 연휴에는 일을 집중해서 처리하고, 다른 주말이나 평일에 여행을 다녀오는 편이 돈과 시간은 아끼고 에너지는 제대로 채우는 비결일 것이다.

둘째, '변화'를 업데이트하라.

어떤 일을 하다보면 나름의 틀이 잡히고 그 틀에 익숙해져서 변화를 꾀하기 어려워지는 경우가 많다. 하지만 메타 활용법의 핵심은 끊임없이 '변화'를 업데이트하는 것이다. 계속적으로 더 나은 변화를 꾀하면서, 속도와 효율을 올리는 것이 중요하다.

나의 경우 유튜브 촬영 초기에는 대본부터 녹화, 편집까지 내가 전담했는데, 어느 정도 자리를 잡은 후부터는 대본 작성과 녹화만 내가하고 편집은 직원에게 맡겼다. 편집할 시간에 차라리 좋은 콘텐츠를하나 더 만들자는 생각으로 분업을 시작한 것이다. 편집 비용은 보통 분당 얼마로 계산하는데, 웬만한 조회수로는 마진이 별로 나지 않는다. 그래도 본인이 잘하는 부분에 집중하고, 나머지는 전문가에게 맡기는 것이 시간 효율 면에서 좋다. 기업의 사례이기는 하나 애플, 엔비디아, AMD 같은 기업들은 모두 자신들은 설계·연구에만 에너지를 쓰고 생산은 대만의 업체나 삼성전자에 외주를 준다. 그렇게자신들은 핵심 작업에만 몰두하며 능률을 올리는 것이다.

여하튼 분업을 통해 역할을 나누면, 속도는 배가 된다. 포드는 이방식으로 자동차 가격을 대폭 낮췄고, 자동차 대중화를 통해 자동차의 아버지가 되었다. 포드뿐이 아니다. 화가 루벤스는 미술계에 분업을 도입한 사람이다. 그의 밑에는 눈만 그리는 조교, 풍경만 그리는조교 등이 있었고, 모두 루벤스의 지침대로 자신이 맡은 부분만 그려서 그림을 완성했다. 프랑스 파리 루브르 박물관에는 루벤스의 그림으로 도배되어 있는 방이 있는데, 혼자서는 평생 그려도 완성할 수 없는 어마어마한 양이다. 그가 분업 시스템을 도입했기에 엄청난 수의 작품을 완성하는 것이 가능했다.

포드처럼, 루벤스처럼 기존의 틀을 깨고 변화를 시도하는 사람은 성공을 거머쥐는 법이다. 그렇기에 우리 역시 계속 변화해야 한다. 생각해보자. 당신은 왜 경제적 자유를 원하는가? 사람에 따라 답은 각기 다르겠지만, 그 모든 답을 꿰뚫는 한 문장은 '지금과는 달라지고 싶어서', 즉 '삶을 변화시키고 싶어서'일 것이다. 경제적으로 완전히 자유로운 삶이라는 커다란 변화를 꿈꾸는 사람이라면, 삶의 작은 변화들을 두렵다는 이유로, 귀찮다는 이유로 주저할 이유가 무엇인가. 자신에게 맞는 시간의 황금 비율을 찾았다고 해도 더 나은 비율은 없는지 고민해야 하고, 나름 괜찮은 수익을 올릴 수 있는 투자처를 찾았다고 해도 더 좋은 투자처는 없는지 모색해야 한다. 변화가 거듭될수록 부의 추월 속도는 급속도로 빨라진다는 사실을 기억하기 바란다.

세 번째 비밀

돈의 길목

지금, 돈은 어디에 있는가

이제껏 당신이 생각했던
부의 계산은 틀렸다

보통 사람들은 자산을 측정할 때, 현금, 부동산, 주식 등만 생각한다.
일반적인 부의 공식은 다음과 같다.

부의 크기 = 부동산+주식+현금…

하지만 7년 내에 경제적 자유를 꿈꾸는 우리는 다른 부의 계산을
적용해야 한다. 새롭게 추가되는 요소는 바로 '시간', 정확히는 '속
도'다.

부의 크기 = 자산(부동산+수식+현금…) x 속도

즉 얼마의 돈을 벌고 모을 것인지도 중요하지만, 얼마나 빠르게 벌고 모을 것인지도 중요하다. 예를 들어 월급 외에 추가 소득이 생기면 돈 모이는 속도에 가속이 붙는다. 월급이 200만원인 사람이 있다고 하자. 그는 생활비로 100만원을 쓰고, 100만원은 저축하고 있다. 그리고 두 개의 시간을 살며, 자본의 시간을 N잡 등에 투자한 그에게 부가 수입으로 월 200만원씩이 더 생겼다. 그럼 그의 생활비도 더 늘어날까? 아니다. 오히려 감소한다. 소비를 하려면 시간을 투자해야 한다. 어떤 사람들은 마음이 허하고 할 일이 없어서 의미 없는 쇼핑을 하기도 한다. 하지만 두 개의 시간을 사는 사람은 소비에 쓸 시간이 없다. 여유 시간을 모두 추가 소득을 내는 데 투입하고 있기 때문이다. 아마 그의 생활비는 80만원 정도로 줄었을 것이다. 그래도 혹시 모르니 그냥 생활비는 계속 100만원을 썼다고 해보자. 그래도 저축액은 300만원으로, 이전에 월급만 받을 때보다 3배가 늘었다.

이제 그와 다른 사람들은 엄청난 속도로 벌어지기 시작한다. 월 100만원씩 저축하면 1억을 모으는 데 8년 4개월이 걸린다. 그런데 300만원씩 저금하면 2년 9개월이면 된다. 이렇게 빠르게 모은 1억은 다른 사람들과의 격차를 더욱 벌리는 데 사용된다. 1억이면 대출을 받지 않고도 세종시의 오피스텔을 하나 살 수 있다. 월세로 50만원을 받는다고 치면, 이제 그는 월 350만원씩을 저금하게 된다. 그럼 다음 1억을 모으는 데 걸리는 시간은 2년 4개월이다. 또 오피스텔을 하나 더 구매해 월세를 놓으면, 월 400만원씩 저금할 수 있다. 그럼 그다음 1억은 2년 1개월 후, 또 그다음 1억은 1년 10개월 후, 또 그다음 1억은 1년 8개월 후에 모이게 된다. 그사이의 월급 상승과 추가 소득 상승까지 포함하면 1억을 모으는 속도는 훨씬 더 빨라질 것이다.

이런 흐름이라면 10년 8개월이면 5억을 모을 수 있다. 반면 일반 직장인 테크대로 월 100만원씩 모았다면, 이 기간에 1억 정도밖에 모을 수 없다. 즉 10여 년간 그와 다른 사람들의 격차는 무려 5배로 벌어진 것이다. 그리고 부의 격차는 나날이 가속도가 붙는다.

부의 가속도를 얻고 나면, 이제 직장 월급을 지워도 부의 속도가 유지된다. 10년 넘게 6억원을 모아서 중간중간 부동산에 투자했다면 월세로 300만원의 수입이 매달 들어올 것이다. 여기서 100만원을 생활비로 써도 200만원이 남는다. 이제 직장에 다니지 않아도 저축할 돈이 생기는 것이다. 이때부터는 원하는 일, 하고 싶은 일을 하면서 크게 돈을 까먹지 않으면 된다. 스물네 살에 첫 직장을 구해서 대략 11년간 이렇게 돈을 불려왔다면, 서른다섯 살에는 나름의 경제적 자유를 누릴 수 있는 것이다. 나의 경우에는 투자를 좀더 리스크 있게 해서, 부의 가속도를 대폭 올렸다. 스물여덟 군대에서 제대했을 무렵 가진 돈은 3,000만원이었는데, 서른세 살 무렵에는 이 돈이 수십 배로 불었고, 서른다섯 살 무렵에는 100배 이상 불어 있었다.

속도라는 부스터

속도는 부를 빨리 불려주는 부스터다. 시간과 노동을 통해 추가 소득을 만들어내는 부스터가 있고, 공부와 연구로 투자 수익률을 끌어올리는 부스터가 있다. 추가 소득도 계속 늘려가면서 투자 수익률도 끌어올린다면, 무일푼에서 시작하더라도 7년 안에 경제적 자유를 누리는 일이 충분히 가능하다.

단, 여기서 주의할 점은 과욕은 금물이라는 것이다. 처음부터 너무 고수익을 노리면 안 된다. 적당한 수익률을 10년 이상 내겠다는 마음으로 투자 공부를 하고, 투자처를 찾아야 한다. 시작부터 고수익만 좇다보면, 처음에는 나름의 수익을 올릴 수 있을지 몰라도 객관성과 냉정함을 유지하기 어려워, 시간이 지나고 보면 손실이 늘어날 가능성이 높다. 피터 린치가 운용한 세계 최대 규모의 마젤란 펀드는 13년간 연평균 29%의 수익률을 올렸다. 그런데 그 펀드에서 손실을 본 사람이 50%가 넘는다. 장기적인 안목으로 가만히 있었으면 연복리로 원금이 수십 배가 될 수 있었는데, 50%가 넘는 사람이 조급함을 참지 못하고 조금만 떨어져도 다른 것으로 교체 매매를 하면서 손실을 본 것이다.

부동산과 주식은 복리로 계산한다. 그래서 연 15%의 수익률이면 10년에 4배가 되고, 연 17%의 수익률이면 10년에 5배가 된다. 투자로 세계 2위 부자까지 오른 워런 버핏의 수익률이 이 수준이다. 일반인이 그 이상의 수익을 낸다는 것이 가능하리라 보는가? 경제적 자유를 빠르게 이루는 것이 우리의 목표이지만, 빨리 가되 조급함이나 과욕은 금물이라는 사실을 잊지 말자.

부의 문을 여는
시크릿 열쇠

앞서 '부의 크기 = 자산(부동산+주식+현금···) X 속도'라고 했다. 그런데 빠르게 경제적 자유를 누리기 위해서 그 이상의 부스터가 필요한 사람들이 있다. 그래서 아까의 공식에 요소 하나를 추가해보고자 한다.

부의 크기 = 자산 x 속도 x 기회

투자를 위해 다양하게 공부하고, 추가 소득을 내기 위해 부지런히 움직이면 시크릿 열쇠가 하나 열린다. 그것이 기회다. 예를 들어 주식과 부동산을 공부하다보면, 각각의 공부가 시너지를 내면서 새로운 기회가 늘어난다. 주식 투자의 기법이나 철학을 부동산에 적용해 새로운 투자 기회를 만들어낼 수도 있고, 부동산 투자법을 주식에 적용해 수익을 낼 수도 있다. 또 N잡으로 추가 소득을 만들어내는 과정에서 뜻하지 않은 기회들을 만날 수도 있다.

앞서도 말했지만, 나는 셰어하우스를 할 때 도배, 장판, 미장, 타일, 조명, 페인트, 필름 시공 등 인테리어를 직접 했다. 투자 비용을 아껴 월세를 낮추는 전략이었고, 실제로 만실에 성공하면서 월세와 셰어하우스로 얻은 현금 흐름이 월 500만원이 넘었다. 중요한 것은 여기서 새로운 기회도 만들어졌다는 사실이다. 셰어하우스를 정리한 후에는 나의 경험과 노하우를 책으로 썼고, 강의도 다녔다. 인세와 강의료로 부가 수입을 올린 것도 컸지만, 수강생 문의로 한남동 집을 상담해주다가 재개발 기회를 접한 것은 엄청난 소득이었다. 당시 한남동은 재개발로 격변의 시기였고, 상담 중 우연히 알게 된 빌라로 큰 수익을 올릴 수 있었던 것이다.

또한 주식 투자는 주식 강의라는 기회로 이어졌다. 당시엔 주식 시장의 인기가 그리 높지 않아서 수강인원이 많진 않았지만, 하루 7시간 이상 강의하며 적당한 용돈벌이를 할 수 있었다. 무엇보다 이 경험은 강의 실력을 기르는 중요한 원천이 됐다. 초보자들이 무엇을 궁금해하는지, 어떻게 알려줘야 더 이해가 빠른지는, 직접 강의해보지 않았으면 터득할 수 없는 값진 노하우였다. 그러다 텐인텐 박범영 대표를 만나 더 많은 강의 기회를 얻게 되었고, 재테크 강사인 김유라 작가의 권유로 유튜브를 시작하게 되었다. 만약 돈벌이가 크지 않다고 강의를 하지 않았다면, 유튜브를 지금처럼 키우지 못했을 것이다.

유튜브를 꽤나 초반에 시작한 덕에 좀더 빨리 성장할 수 있었다. 덕분에 직접 강의를 기획하고 오픈하는 법도 익혔고, 온라인 강의 제작 기회도 빨리 얻을 수 있었다. 한번 만들어진 선점 효과는 계속 선점 효과를 낳는 법이다. 그래서 투자에서도 선점 효과가 중요하다. 남들이 좋다고 하는 것을 따라하기보다 내가 먼저 좋은 것을 발견하고 투자하면, 뒤이어 돈이 몰려온다. 남들이 관심 없을 때 싸게 사면 손실날 가능성도 적고, 남보다 더 높은 수익률도 낼 수 있다.

돈을 빠르게 모으고 불리는 것에 더해 새로운 기회들까지 계속적으로 잡다보면, 부의 크기는 순식간에 커지게 된다. 그런데 이 기회란, 쉽게 잡을 수 없다. 우연히 접한 이야기라도 그대로 흘려보내지 않고, 기회로 잡을 수 없을지 고민하고 노력하는 습관이 중요하다.

나의 경우 촬영 때문에 한 대표와 이야기를 나누다가 우연히 인문학에 대한 아이디어를 얻었다. 그동안 알고 있던 유럽의 미술사, 역사, 음식, 영화, 패션이 모두 연결된 이야기들이라는 사실에 머리가 쿵 하고 울렸다. 그때 느낀 지적 희열을 혼자 간직하지 않고 온라인 강의를 기획하며 대본을 만들었다. 그리고 인문학과 주식 투자를 연결한 책도 썼다. 이로 인해서 얻은 경제적 수익도 꽤 컸지만, 무엇보다 투자에 대해 새로운 눈을 뜨게 된 점은 경제적 가치로 헤아릴 수 없을 만큼 크다. 인문학 지식과 투자를 연결하는 방법은 방송가에서도 좋게 본 덕에 KBS, EBS 등 여러 방송 프로그램에 출연할 수 있었고, 다양한 분야의 전문가들과 연을 쌓아 협업을 한 프로젝트도 여럿이다.

우연히 얻게 된 정보를 놓치지 않으려는 간절함과 절박함, 그리고 노력이 기회로 이어지는 법이다. 즉 기회라는 부스터는 간절한 사람만이 사용할 수 있는 무기다.

기회 역시 복리로 불어난다

기회에 대한 관점은 투자 확률과도 연관이 있다. 두 번의 주식 투자 실험이 있었는데, 전문가와 영장류 동물이 각각 뽑은 주식 종목으로 투자 대결을 펼친 실험이다. 놀랍게도 이 두 번의 실험에서 모두 동물이 이겼다. 전문가라고 하더라도 투자 성공률이 높지 않다는 의미다. 보통은 3번 중 1번의 투자 기회가 성공할 수 있다고 할 때, 우리가 택해야 하는 방법은 기회를 늘리는 것이다. 일반 직장인이 평생 3번의 기회를 잡을 수 있다고 한다면, 나는 목돈을 빨리 모아서 6번의 기회를 만드는 것이다. 그럼 남들이 1번 성공할 때, 나는 2번 성공할 수 있다.

쉽게 설명해보자. 나는 3,000만원당 1번의 투자 기회가 있다고 생각한다. 남들이 3,000만원을 평생 10번 만들 수 있다고 하면, 우리는 추가 소득으로 3,000만원을 20번 만들어 투자 성공을 2배로 늘리는 것이다. 예를 들어 투자 수익이 2배인 기회를 어떤 사람이 3번 잡았다면, 3,000만원을 2억 4,000만원으로 늘릴 수 있다. 반면 기회가 6번 온 사람은 19억 2,000만원이 된다. 기회의 횟수는 시간의 흐름을 타면서 복리로 불어나기 때문에, 단순히 더하기의 개념이 아니라 곱하기의 개념으로 불어난다.

그리고 기회에 대한 마지막 관점은, 투자 대상에 대한 것이다. 돈이 모이는 곳, 돈이 흐르는 길목을 정확히, 게다가 남들보다 빠르게 찾으면 당연히 돈을 벌 수 있다. 이에 대한 이야기는 다음 꼭지에서 이어서 하겠다.

돈이 흐르는 길목은
따로 있다

초등학생들이 축구를 하는 모습을 보면 의아한 점이 하나 있다. 모든 선수가 공 하나를 따라다닌다. 공만 따라다닌다고 그 공을 찰 기회를 잡을 수 있을까? 눈 가까이에 공이 있지만, 정작 그 공이 나한테 올 가능성은 크지 않다. 그런데 많은 이들이 초등학생 축구처럼 투자를 한다. 지금 가격이 치솟고 있는 주식을 따라 사는 데 혈안이 돼 있다는 말이다.

1만원짜리 주식이 10만원이 됐다고 생각해보자. 이미 10배가 오른 주식이라 위험하다는 판단을 해야 하는데, 10배가 올랐으니 앞으로 더 오를 것이라며 매수하는 사람이 많다. 경험상 단기간에 10배 오른 주식이 그 이상 더 오른 경우는 본 적이 없다. 그런데 초보 투자자들은 가격이 올라야 관심을 가지고, 비싼 값에도 서슴없이 매수를 한다. 본인 안에 있는 욕심을 제어하지 못하기 때문이다. 초등학생들은 공만 따라다니는 축구를 하다가 공 한 번 못 차더라도 괜찮다. 적어도 체력은 길러서 집으로 돌아가니 말이다. 하지만 이미 오른 주식을 따라다니는 투자는 아무런 이득이 없다. 계좌 손실이라는 피해에 더불어, 본인의 투자 습관도 완전히 망가진다.

투자의 낚싯대 전략

축구를 잘하는 프로 선수들은 공이 없는 쪽을 선호한다. 공이 있는 곳에 수비수들이 몰리기 때문에, 상대적으로 수비가 느슨한 곳에서 기회를 기다리는 것이다. 공을 가지고 있는 선수는 수비수들이 적은 곳으로 공을 패스할 가능성이 높기에, 그만큼 내가 골을 넣을 수 있는 확률도 높아진다. 투자도 마찬가지다. 사람들이 몰리지 않은 곳에 기회가 있다.

대중의 관심이 쏠린 곳은 이미 가격이 오를 만큼 올랐다. 내가 매수한 후 가격이 더 오를 수도 있지만, 취할 수 있는 이득은 크지 않다. 사람들의 관심을 받지 못한 주식, 그래서 저가에 있는 주식을 사야 한다. 물론 언젠가 오를 주식이어야 한다. 이 주식을 샀다면 이제는 기다린다. 언제까지? 대중의 관심이 이 주식에 몰릴 때까지. 그리고 예상했던 목표가 근처로 주가가 다가오면, 천천히 분할 매도를 하면서 수익을 실현한다. 그리고 다시 대중의 관심을 받지 않는 주식을 찾아 투자한다.

처음에는 3,000만원씩 4군데에 투자했다고 해보자. 한 주식이 2배가 올라서 팔면, 이제 3,000만원씩 5군데에 투자할 수 있다. 그러다 하나가 또 2배 오르면 팔아서 투자처를 6군데로 늘리는 식으로, 낚싯대를 늘리는 전략을 써야 한다. 4군데 투자할 때보다 5군데, 6군데 투자했을 때 기회가 더 빨리 찾아오며, 그럼 투자의 재미도 늘어난다. 물론 애초에 1,000만원씩 12군데에 투자하는 방법을 취할 수도 있다. 하지만 처음부터 성공 확률이 높은 주식을 10개 이상 찾기란 어려운 일이기에 추천하지 않는 것이다. 더욱이 투자에 성공하더라도 수익금이 크지 않으면, 적절한 보상이 되지 않는다. 내가 투자한 기업이 오랜 기다림 끝에 크게 올라서 많은 수익을 내는 경험을 투자 초기부터 겪어봐야 계속 장기 투자를 할 수 있다.

이것을 기억하기 바란다. 돈은 사람들의 관심이 쏠린 곳에서 관심이 없는 곳으로 흐른다. 지금은 사람들이 알아채지 못한 곳, 하지만 언젠가 관심이 몰릴 곳을 미리 찾아서 기다려야 큰돈을 벌 수 있는 것이다.

'베스트셀러'보다 '스테디셀러'를 골라라

부동산 투자 역시 마찬가지다. 부동산은 뉴스, 카페 글, 광고, 입소문 등이 크게 작용하는 곳이다. 그래서 바람잡이들도 많다. 예를 들어 백화점 부지 옆에 아파트가 분양될 예정이라고 하면, 카페에 백화점 관련 글들이 늘어나고 입소문이 퍼지기 시작한다. 그럼 얼마 가지 않아 사람들의 관심은 백화점 부지로 쏠리고, 마침 그 옆에 분양하는 아파트는 관심의 집중 폭격을 맞는다. 그럼 높은 청약 경쟁률과 프리미엄이 형성되는 것은 당연한 일이다. 건설사는 분양을 완료해서 좋고, 부동산 업자들은 활발한 거래 덕에 수익이 늘고… 파는 사람은 돈을 벌어서 좋고, 사는 사람은 좋은 매물을 샀다며 기뻐한다. 패자가 없는 게임인 것 같지만, 실상은 다르다.

바람을 신나게 잡은 후 이득을 취한 세력들은 이제 다른 곳을 띄우고 나선다. 백화점으로 흥행하던 그 자리는 대중의 기억에서 사라지고, 더 이상 매수자가 나타나지 않는다. 팔고 싶어도 팔지 못하는 일이 발생하고, 팔더라도 손해를 보게 되는 경우마저 생기는 것이다. 과거에는 분양권 단타를 하는 사람들이 많았다. 가격이 오르는 초입에 들어가서 빠르게 팔고 나와 돈을 버는 사람들이었다. 그런데 이제 규제가 강해지면서 이런 방법은 불가능하다. 한 번 사면 꽤 오랜 시간을 보유해야 하기에, 물릴 가능성이 높은 것이다.

예전에 백화점 부지라고 알려진 곳에 관심이 쏠리면서, 오히려 입지가 좋은 자리들이 미분양이 났다. 누가 봐도 호재로 가득한 자리였으나 대중의 관심이 없는 탓에 원하는 동과 호수를 골라서 들어갈 수 있었다. 그리고 꽤 오랜 시간이 지난 후, 사람들이 열광했던 그곳엔 백화점이 들어오지 않았다. 지도만 봐도 백화점이 들어올 수 없는 자리임을 쉽게 알 수 있는데, 왜 사람들이 거기에 투자한 건지 지금도 이해가 되지 않는다. 반면 내가 산 자리는 지하철이 들어오기로 발표가 났다.

돈이 흘러들어올 길목에 먼저 가서 돈을 벌려면 상식적으로 생각해야 한다. 즉 대중의 집단 최면, 수익률의 유혹에서 벗어나야 한다는 것이다.

동탄을 예로 들어보자. 당시 호수뷰 붐이 일면서 광교 호수뷰 등 조망권이 좋은 집들의 가격이 올랐다. 물론 뷰가 좋은 집은 매력이 있다. 문제는 뷰가 나오지 않는데도, 그 근처 아파트라는 이유만으로 가격이 오른 경우들이 많았다는 것이다. 당시 동탄 지역의 한 아파트는 내가 판단하기에 그리 매력 있는 호수 경관이 아니었다. 원룸지을 자리를 보러 다니다보니 전국의 호수공원을 거의 다 둘러본 상황이라 객관적 판단이 가능했다. 그래서 나는 원래 생각한 기준대로 동탄역을 걸어서 갈 수 있는 아파트를 샀다. 대중의 관심이 빠져 있으므로 비싸지 않은 가격에 살 수 있었고, 이후 큰 이익을 취했다.

부동산 투자에 있어서는, '베스트셀러'보다는 '스테디셀러'가 중요하다. 지금 당장 뜨는 곳보다 오래도록 인기를 끌 곳에 투자해야 한다는 말이다. 생각해보자. 동탄이라는 도시는 베드타운으로, 출퇴근 지옥을 겪는 곳이다. 호수는 한 달에 몇 번 볼까 말까 하지만, 출퇴근은 한 달에 수십 번을 해야 한다. 결국 사람들은 출퇴근이 편한 곳을 선호한다는 말이고, 출퇴근이 조금이라도 편한 자리가 스테디셀러라는 의미다. 시간이 지나고 보니, 동탄뿐 아니라 어디든 교통이 좋은 자리들이 특히 더 많이 올랐다. 물론 무조건 교통이 최우선은 아니다. 서울은 대부분 교통이 잘 발달됐다. 그래서 교통보다는 조망권에 대한 희소성이 더 높고, 지하철 역세권보다 한강뷰 아파트가 더 비싸다. 그런데 서울 중에서도 강남은 출퇴근, 교육, 문화 등 모든 면에서 뛰어나기 때문에 뷰보다 입지가 우선한다.

즉 부동산은 그 지역 사람들이 가장 원하는 것, 수요가 많은 것을 봐야 한다. 지역에 대한 공부와 조사가 없다면 불가능한 일이다.

주식 역시 마찬가지다. 주식은 예측이 더 어려운 영역이기에 더더욱 상식적으로 투자해야 한다. 예를 들어 내년에 유가가 크게 오를 것이라고 전문가들이 판단한다면, 유가는 오르게 된다. 그런데 단기적으로 유가가 하락하면 보통 손해를 보더라도 팔고 나간다. 자기 판단이 없기 때문이다. 스스로 면밀히 공부해서 오를 것이라고 판단한 사람은, 단기적 하락에도 흔들리지 않고 내년을 기다린다. 그리고 돈을 번다.

정리해보자. 돈이 흐르는 길목을 선점하고 돈을 버는 방법은 어렵지 않다.

첫째, 대중의 유혹에 빠지지 말 것.

둘째, 상식적으로 오를 스테디셀러에 투자할 것.

셋째, 단기적으로 가격이 떨어져도 심리적으로 흔들리지 않도록 공부를 할 것.

이렇게만 할 수 있다면, 누구나 좋은 물건을 싸게 살 수 있다. 그래서 다른 투자자들보다 더 높은 수익을 낼 수 있다. 그리고 이 과정을 몇 번 반복하면 남보다 훨씬 빨리 돈을 불리게 된다.

오늘의 푼돈 vs 내일의 목돈

경제적 자유에 대해 말할 때, 현재 자신은 돈이 없어서 경제적 자유는커녕 투자조차 할 수 없다며 미리 포기하는 사람들이 적지 않다. 하지만 가진 돈이 적고 많고는 그리 중요하지 않다. 내가 그동안 만난 부자들은 '1-2-3-4-5' 단계별로 돈을 모은 것이 아니었다. '1-1-1-1-5-25-100', 이런 식으로 돈을 불려온 사람들이 대부분이었다. 지금 돈이 없더라도, 괜찮다. 없으면 모으면 되고, 적으면 불리면 된다.

관광지를 가면 순두부찌개마을, 장어마을, 조개구이마을, 게장마을 등 여러 가게가 모여 있는 곳이 있다. 같은 메뉴를 파는 가게들 중 사람들이 모이는 곳은 흔히 '맛집'으로 불리는 소수의 가게다. 그런데 사람들이 줄을 서게 만드는 차이는 의외로 미세하다. 어떤 장어 맛집은 다른 가게와 달리 양념 소스에 장어 뼛가루를 넣어 풍미를 살리는데, 그 비법 하나로 연 수십억을 번다. 미세한 차이가 승부를 가르고, 종국엔 부와 가난을 가르는 것이다.

지금 돈이 없어 고민이라면, 차근차근 돈을 모으는 동시에 부를 키울 미세한 차이를 연마해보자. 장어 뼛가루를 넣은 양념 소스를 개발하기까지, 분명 많은 시간이 걸렸을 것이다. 그때는 돈도 못 벌고 오히려 개발비를 써야 했겠지만, 소스 개발에 성공한 후 식당 주인의 부는 기하급수적으로 늘어났다. 우리의 부도 언젠가 기하급수적으로 늘 수 있다. 지금을 개발의 시간이라 생각하고, 미세한 차이를 만드는 작업에 들어간다면 말이다. '오늘의 푼돈'을 '내일의 목돈'으로 바꾸는 것은 투자에 있어서의 미세한 차이다.

종잣돈을 모으고 투자의 전쟁터로 들어서면 연구하고 훈련할 시간이 부족하다. 그러니 돈이 없을 때는 가장 많은 준비를 할 수 있는 시간이라고 긍정적으로 생각해보자.

지식의 넓이가 투자의 넓이다

미세한 차이를 만드는 데는 여러 방법이 있겠지만, 내가 노력한 방법을 설명해보겠다. 나 또한 20대에 돈도 부족하고 지식도 부족했다. 열심히 돈을 모으는 동시에 투자 공부를 시작했는데, 이때 내가 택한 전략은 '깊이'보다 '넓이'였다. 한 분야의 전문가는 너무도 많고, 아무리 노력한다고 해도 그들 이상의 지식을 갖기는 어려웠다. 그렇다면 차라리 '질'보다 '양'으로 승부해야겠다는 생각이 들었다. 역사 전문가도 많고, 경제 전문가도 많고, 예술 전문가도 많지만, 역사, 경제, 예술, 과학을 두루 아는 전문가는 많지 않으니, 나는 얕더라도 방대한 지식을 가진 전문가가 되겠다는 심산이었다.

그래서 경제, 투자라는 관점을 중심으로 다양한 지식을 폭넓게 흡수하기 시작했다. 예를 들어 올해 라니냐가 유행할 거라는 뉴스를 보면, 대부분의 사람들은 라니냐로 인한 이상기후를 걱정한다. 또는 폭우로 광산이 붕괴되어 철, 니켈 등의 공급에 차질이 생길 가능성을 염려하는 사람도 있다. 반면 나는 이 모든 가능성을 두루 연구하고 예측했다.

우선 이상기후로 인해 농작물 수확이 어려워지는 경우를 생각해보자. 중국은 돼지를 가장 많이 소비하는 나라인데, 돼지의 사료로 대두를 가장 많이 수입한다. 그런데 이상기후로 대두의 수확이 어려워지고, 대두의 가격이 오르면? 사료 가격이 오른 만큼 돼지 가격도 오르고 결국 식탁 물가가 올라가게 될 것이다. 그럼 중국은 물가를 통제하거나 임금을 올리기 위해 일자리 부양 정책을 쓸 것이다. 그래서 이런 경우 어떤 곳에 돈이 몰릴지를 연구했다. 그리고 동시에 광산이 붕괴되었을 경우도 생각했다. 철광석 가격이 오르면 철강 회사는 이를 핑계로 가격을 올려 자동차·조선·건설 회사들의 마진이 줄어든다. 그런데 라니냐는 보통 2년 이상 가지 않고, 한번 오른 철강 가격은 잘 떨어지지 않는다. 이를 토대로 어디에 투자하는 것이 좋을지 힌트를 찾았다.

이런 식으로 하나의 이슈에 대해 다각도로 연구하고 공부하면서 내가 투자할 대상의 폭을 넓힌 것이다. 즉 지식의 넓이는 곧 투자의 넓이라고 할 수 있다.

중요한 사실은 단순히 책을 많이 읽고 뉴스를 많이 본다고 투자 전문가가 되고 부자가 되는 것이 아니라는 점이다. 책을 읽고 뉴스를 보는 것은 세상의 흐름을 읽고 투자의 힌트를 찾기 위해서다. 그저 지식만 쌓아서는 부족하다. 그 지식을 어떻게 투자에 활용할지를 끊임없이 고민해야 한다.

시너지가 쌓이면, 돈은 알아서 따라온다

나의 경우 남보다 많은 범위의 정보를 찾으려다보니 시간을 효율적으로 사용하는 것이 매우 중요했다. 그래서 주로 텍스트로 된 자료들을 파고들었나. 요즘은 유튜브로 정보를 습득하는 사람이 많은데, 오직 유튜브로만 공부하는 것은 권하지 않는다. 동영상의 장점은 가만히 있어도 눈과 귀로 정보를 집어넣어준다는 것이다. 바쁠 때는 유용하지만, 정보 습득이 수동적으로 이루어진다는 단점이 있다. 반면 텍스트는 내가 눈으로 읽고 이해한 후 손으로 넘겨야 한다. 능동적으로 정보를 습득하기에 그만큼 더 잘 기억하게 되고, 또 펼쳐진 텍스트 중에서 내가 필요한 정보만 골라 읽을 수 있기에 시간도 절약할 수 있다.

나는 경제적 자유를 얻은 지금도 가급적이면 직접 운전하지 않고, 대중교통을 이용한다. 그리고 좌석에 앉아 끊임없이 네이버로 자료를 검색하고 읽는다. 이렇게 절약한 시간에는 의외의 것들에 도전한다. 여행을 가거나 투자가 아닌 다른 분야의 책을 읽는 것이다. 시간이 남아서가 아니다. 투자와 시너지를 낼 만한 지식과 정보를 얻기 위해서다. 이것 역시 일종의 투자인 셈이다. 그렇게 시너지를 낼 분야를 찾았다면 더 검색하고 자료를 구해서, 나의 투자 지식과 결합시켜나간다.

유튜버가 되고 나서는 그 결합의 속도가 더 빨라졌다. 나는 경제 채널을 운영하지만 미술 전문가, 영어 전문가, 역사 전문가가 게스트로 출연하곤 한다. 투자에 대한 직접적인 소스를 얻을 수 없다보니 조회수가 다소 덜 나올 수도 있지만, 훌륭한 분들에게 귀한 가르침을 일대일로 받을 수 있는 기회이기에 자주 모시곤 한다. 그리고 그들이 알려준 지식을 내 분야에 접목해 시너지를 낼 방도를 찾는다.

이렇게 시너지를 모아가다보면 어느 순간 남보다 우위에 서는 시기가 온다. 즉 내가 최고가 되는 순간이 온다. 그러면 이제 돈이 따라올 차례다. 돈을 많이 번 사람들이 "돈은 알아서 따라오더라고요"라는 말을 자주 하는데, 이는 거짓말이 아니다. 내가 남보다 넓은 지식을 갖고, 또 그 지식들을 투자에 접목하며 시너지를 내면, 정말로 돈은 알아서 따라온다.

돈이 모이면, 이것부터 시작하라

어떤 전문가는 저축으로 5,000만원을 모은 후 투자를 시작하라고 말한다. 나는 300만원이 모이면 2년 정도는 주식 투자를 하면서 계속 돈을 모아가라고 말한다. 정답은 없다. 자신에게 맞는 방법을 찾아 적용하면 된다. 다만 내가 소액을 모으면 바로 투자를 시작하라고 하는 이유는 이렇다.

실전 투자에서는 지식보다 심리가 더 중요하다. 투자를 해야 하는 순간에 자신의 돈을 투입할 수 있는 용기, 모두가 욕심을 낼 때 홀로 욕심을 멈추고 팔 수 있는 절제가 중요하다. 그런데 대중과 거꾸로

할 수 있는 용기는 오직 경험에서 나온다. 300만원으로 2년을 투자하면 바로 그 경험을 쌓을 수 있기에 권장하는 것이다. '불황 때 투자를 하니까 이렇더라, 호황 때 투자를 하니까 이렇더라'는 주변 사람들의 말, 책으로 접하는 것과 내 돈이 늘고 줄어드는 상황을 직접 경험하는 것은 엄청난 차이가 있다는 사실을 기억하자.

만약 300만원으로도 심장이 떨린다면 300만원으로 투자하는 시기를 더 가져가야 한다. 그러다 더 이상 투자에 불안을 느끼지 않는다면 이제 1,000만원으로 투자를 늘려보자. 1년이 지나고 투자 불안이 사라지면 3,000만원으로 늘리고, 그다음 5,000만원, 1억원 이렇게 늘려가는 것이 중요하다. 사람은 자신이 감당 못하는 액수의 돈을 투자했을 때 불안을 느낀다. 그래서 주식 투자는 불안을 느끼지 않는 범위 내에서 하는 것이 좋다.

다음으로 저축을 하면서 만든 목돈으로는 부동산 투자를 추천한다. 다만 바로 투자에 들어가기보단 실제 투자한다는 마음으로 부동산을 알아볼 필요가 있다. 예를 들어 2,000만원의 목돈을 만들었다면 4,000만~5,000만원 정도 되는 부동산 투자를 알아보는 것이 좋다. 2,000만원보다는 4,000만원짜리 매물이 좋고, 4,000만원보다는 1억짜리 매물이 더 좋으니, 언젠가의 투자를 위해 미리 공부하는 전략이다.

네이버 부동산, 호갱노노, 지지옥션을 활용하면 내가 원하는 지역,

원하는 금액에 맞는 매물을 찾을 수 있다. 대략 이 돈이면 이 정도의 물건을 살 수 있다는 정보를 머릿속에 저장하는 것이 중요하다. 만약 저렴한데 시세 대비 좋은 물건이라면 의심하는 습관을 가지자. 열에 아홉은 다른 하자가 있다. 이런 하자를 찾아내는 눈이 부동산을 보는 눈이다. 잘 모르겠으면 주변에 부동산 투자를 잘하는 사람이나 친한 부동산에 가서 물어보자. 이렇게 살아 있는 공부를 해야 실전 경험이 쌓인다.

이런 식으로 투자 경험이 다양하게 쌓이고 목돈이 일정 수준을 넘어가게 되면, 투자를 바라보는 눈과 그것을 투자할 수 있는 능력이 모두 생긴다.

마지막으로 덧붙이자면, 빠른 시간 안에 부자가 되고 싶다는 생각은 버렸으면 좋겠다. 인생 전체에서 언제 돈을 벌 거고, 언제 쉴 건지, 언제부터 돈을 벌 수 있는 능력이 상실되고, 어떤 돈으로 노후를 준비할 것인지, 크게 보고 준비했으면 좋겠다. 그러다 초과 수익이 나면서 은퇴 시기가 빨라지는 것일 뿐, 처음부터 파이어족을 기대하고 지금의 삶을 불행하다고 생각하지 않았으면 좋겠다. 지금은 지금 나름대로 할 수 있는 일이 있음을 깨닫고, 앞으로 대박을 위해 준비하는 시기로 삼길 바란다.

주식 투자 성공 100%의
비법 1가지

돈이 흐를 길목은 현재는 사람들의 관심이 없지만 언젠가는 관심이 쏠릴 곳이라 했다. 그곳을 먼저 선점하면, 큰돈을 벌 수 있다고도 했다. 그런데 선점 이후 반드시 지켜야 할 원칙이 하나 있다. 바로 '기다림'이다.

피터 린치의 마젤란 펀드 이야기를 해보고자 한다. 마젤란 펀드는 피델리티가 운용한 세계 최대 펀드인데, 전설의 펀드 매니저인 피터 린치가 1977년부터 1990년까지 13년간 운용을 맡았다. 시작할 때는 우리 돈으로 200억원 정도 규모의 펀드였는데, 13년 뒤에는 15조원까지 성장했다. 연평균 투자 수익률은 29.2%. 만약 1977년 이 펀드에 1억을 넣었다면 13년 뒤엔 29억을 찾을 수 있었다. 더욱 놀라운 사실은 이 펀드는 단 한 해도 수익률 마이너스를 기록한 적이 없다는 것이다. 1987년, 하루 만에 증시가 22% 넘게 빠졌던 블랙먼데이가 있던 해에도 말이다.

그런데 이 펀드에 투자한 사람 중 절반 이상이 돈을 잃었다. 한 번도 마이너스가 없었던 펀드인데, 어떻게 돈을 잃은 걸까? 그들은 오를 때 펀드에 가입했다가 펀드 수익률이 떨어지면 파는, '고점 매수, 저점 매도'를 한 사람들이었다.

'저점 매수, 고점 매도'를 해야 돈을 번다는 사실은 누구나 안다. 그런데 생각보다 많은 사람들이 '고점 매수, 저점 매도'로 손해를 본다. 투자 공부와 그에 따른 자기 확신 없이, 남들의 말과 행동에 휩쓸리기 때문이다. 주가가 오르면 계속 오를 것 같아서 욕심에 덜컥 매수하고, 주가가 떨어지면 더 크게 떨어질 것 같다는 불안함에 얼른 매도해버린다. 이런 식으로 고점 매수, 저점 매도를 몇 번 반복하면 평생 모은 돈을 잃는 것도 한순간이다.

우량주를 싸게 사는 법

고점 매수, 저점 매도를 해놓고 손절 라인을 잘 지켰다며 스스로 대견해하는 사람들이 있다. 개인적으로 손절을 가격에 맞추는 것은 의미 없는 행위라고 본다. 내가 가신 주식에 대해 사신이 없어서 두려움을 극복하기 위한 기계적인 행위일 뿐이다. 애플, 스타벅스, 삼성전자 같은 우량주의 10년 차트를 보자. 손절해야 할 이유가 없다.

한국 증시, 미국 증시 모두 장기적으로 상승하는 모습을 보여준다. 그 업종을 대표할 만큼 우량한 주식을 싸게 사서 장기로 보유하면, 주식 투자로 성공할 가능성이 굉장히 높아지는 것이다.

주식을 싸게 사는 방법을 모르는 분들이 많은데, 어렵지 않다. 좋은 주식을 싸게 사는 시기는 남들이 그 주식을 찾지 않을 때다. 주가가 떨어지고, 사람들이 주식 투자에 관심이 없을 때, 그때 여러분은 바겐세일을 만나게 된 거다. 할인가에 우량주를 산다는 생각으로 주워 담자. 그리고 자녀에게 물려준다는 생각으로 팔지 않고 덮어두면 된다. 우량주를 볼 자신이 없다면 지수를 추종하는 ETF를 사두자. S&P500을 추종하는 SPY, 나스닥을 추종하는 QQQ, 코스피200, 인도 인덱스 ETF를 골고루 사두면 된다. 그럼 선진국, 글로벌, 신흥국 모두 투자한 효과를 누릴 수 있다.

주식 투자를 시작한 지 만 15년이 지났는데, 가장 힘든 일은 좋은 주식을 고르는 일이 아니라 주식을 파는 타이밍을 잡는 거였다. 그런데 대개 주식을 팔고 나면 후회하는 경우가 더 많았다. 주가의 최고점을 알 수 없을뿐더러, 시간이 지나고 보면 팔았던 가격보다 주가가 더 올라 있는 경우가 많기 때문이다. 반면 주식을 팔지 않으면 이런 고민을 할 필요가 없고 대개 좋은 결과를 가져오는 경우가 많다.

좋은 주식을 찾고 사는 데에 에너지를 집중하고, 파는 것에 대한 고민은 나중에 여러분 자녀한테 맡긴다는 생각으로 투자를 하자. 이것이 주식 투자 성공 100%의 비법이다. 15년 넘는 시간 동안 주변에 수많은 주식 투자자들, 전문가들이 사라졌지만, 그 가운데 살아남아 부자가 된 이들을 보면서 느낀 점이니 이것 하나만이라도 반드시 새겨두길 바란다.

부동산 투자 성공 100%의
비법 1가지

부동산으로 돈을 못 번 사람들의 공통점이 있다.

"여기는 못 올라. 내가 여기 오래 살아서 알아."

외지인들이 사서 가격이 오르기 시작하면, 원주민들 중 많은 사람들이 이렇게 말한다. 과거에 10만원이던 땅이 어떻게 100만원이나 하냐면서 말도 안 된다고 혀를 찬다. 그래서 투자하지 않는다. 그리고 결국 자신이 오랫동안 살던 동네가 크게 올랐는데도 불구하고 돈을 벌지 못한다.

그때는 10만원밖에 안 하던 이유가 있었고, 지금은 100만원에 사람들이 사는 이유가 있는 법이다. 그런데 계속 과거의 시선으로 현재를 보면, 당연히 비싸 보이고 그러니 살 수가 없다. 부동산 투자는 이런 사람들 반대로만 하면 무조건 성공한다.

주식은 욕심 내지 말고, 부동산은 욕심을 내자

주식 투자와 부동산 투자는 비슷한 점도 많지만, 다른 점도 많다. 주식 투자에서는 빨리 살수록 좋지 않은 결과가 나오기 쉬운데, 부동산은 빨리 사는 것이 가장 좋다. 제일 쉽게 부동산에 투자하는 방법은 누구나 갖고 싶어 하는 자리를 가장 먼저 사는 것이다. 물론 돈이 있어야 가능한 일이지만, 그만큼 부동산 투자는 속도전이라는 뜻이다.

주식과 부동산의 또다른 차이점은 희소성이다. 주식은 한 기업을 수많은 주식으로 쪼개서 여러 사람들에게 판다. 삼성전자 주주만 400만 명이 넘는다. 1주를 가져도 주주가 되기에, 주주로서의 희소성이 떨어진다. 반면 부동산은 다르다. 강남역 사거리 모퉁이 자리를 가질 수 있는 사람은 딱 4명밖에 없다. 삼성전자 주식은 가격을 지불하면 언제든 살 수 있지만, 강남역 모퉁이 자리는 아무리 사고 싶어도 평생 못 살 수도 있다. 그래서 땅은 빨리 사는 것이 좋은 것이다.

좋은 자리라면 그 땅을 보유하는 기간 동안 팔라는 연락을 수도 없이 받을 것이다. 그러면 팔고 싶은 마음이 더더욱 사라진다. 버티면 계속 오르는 자신인데 군이 팔 이유가 있겠는가. 그래서 좋은 부동산은 매물이 없다. 아니면 현재 시세보다 어이없이 비싼 가격에 사야 한다. 그럼에도 사려는 사람은 많고 팔려는 사람은 적으면, 그 가격에 누가 사기 시작하고 그 가격이 다시 시세가 된다. 그러면서 그 지역 가격이 급등하게 된다. 즉 부동산은 빨리 사서 오래 버티면 성공한다.

주택 가격은 정부 정책에 따라 큰 영향을 받는다. 그래서 예상치 못한 타이밍에 가격이 하락할 수 있는데, 무주택자가 바라는 큰 하락은 보통 10년에 한 번 올까 말까 한다. 그렇기에 큰 하락을 기다리기보다, 살 수 있는 범위 내에서 가장 좋은 집을 사는 것이 좋다. 그리고 열심히 일해서 대출이자를 갚아나가며 노후를 위한 현금을 마련해가면 된다. 원금은 군이 일찍 갚을 필요가 없다. 주택 가격은 자산이고, 담보 대출은 부채다. 이자를 잘 갚는 한 부채는 늘지 않고 자산 가격은 상승한다. 그러면 자연스레 부채 비율이 낮아진다.

인류 역사는 인플레의 역사다. 국가는 그것을 알기 때문에 국채를 발행하지만 이자만 주고 갚지 않는다. 매년 국채 발행을 늘려 부채를 키워간다. 그럼에도 불구하고 국가의 자산이 더 빠르게 늘기에, 오히려 국가의 재무는 건전해진다. 반면 자산을 가지지 못한 서민들은 아무리 열심히 일해도 계속 더 가난하게 된다.

자기방어가 강한 사람들이 있다. 이들은 자신이 집을 사지 않은 이유를 어떻게든 정당화하려고 한다. '그때 돈이 없어서, 배우자가 말려서, 이 가격은 말이 안 되어서, 정부에서 사지 말라고 해서, 친구놈 만류만 아니었어도' 등등, 다양한 핑계를 댄다. 하지만 결국은 자신이 사지 않은 것이다. 그 어떤 이유를 대더라도, 집을 사지 않았고 그래서 돈을 벌 기회를 놓친 것뿐이다.

부동산은 최대한 발품을 팔고 많이 돌아다녀보길 권한다. 그러면 매몰비용의 법칙이 작동한다. 그동안 발품 판 게 아까워서라도 사야겠다는 의지가 생기는 것이다. 그럼 내가 가용 가능한 돈의 범위 내에서 부동산을 사게 된다. 즉 주식 투자와 부동산 투자를 한마디로 정리해보자면, 다음과 같다.

"주식은 욕심을 내지 말고, 부동산은 욕심을 내자."

네 번째 비밀

투자의 기술

주식부터 부동산까지, 실전 투자법 7가지

개인 투자자가
돈을 버는 유일한 방법

투자로 돈을 번다는 것은 전쟁에 나가서 승리하는 일과 비슷하다. 아무리 전쟁에서 여러 번 이긴 백전노장이라도 한 번의 패배로 모든 것을 잃듯이, 투자도 언제든 실패할 수 있다는 위험에 노출돼 있다.

만 15년가량 투자를 하면서 느꼈던 점 중 하나는 대부분 사람들이 준비되지 않은 상태로 투자에 임한다는 것이다. 수많은 사람들이 부자가 되기 위해 투자에 뛰어들지만, 군사훈련도 받지 않은 농민들이 낫을 들고 선투에 임하는 것과 비슷한 경우가 많다. 그런데 그들의 경쟁자는 글로벌 투자은행의 천재 펀드매니저들이다. 이 천재들은 혼자가 아니라 거시 경제, 섹터별 주식, 대체 투자 전문가들로 구성돼 있고, 자금의 크기도 상당하다. 그들이 원하면 코스피를 하락으로 만들 수도, 상승으로 만들 수도 있다. 이들과 같은 전장에서 투자를 하면서 제대로 준비하지 않는다는 것은, 맨몸으로 전쟁터에 나가는 것과 다르지 않다. 안타까운 일이다.

많은 투자자들이 전략 없이 투자를 한다. 공부 없이 뉴스에만 의존해 한 기업의 주식이 급상승할 것 같다고 믿고, 그런 사람들이 모인 토론방에서 서로의 욕심을 확인한 후 매수를 결심하는 사람이 적지 않다. 주변에서 좋다고 하는 주식을 덜컥 사들이는 사람도 많다. 실제로 내 지인들에게 자주 들었던 질문 중 하나가 '모 주식을 샀는데 무엇을 파는 회사냐'는 것이었다. 주식의 기본 개념 자체도 모르고 투자하는 사람들이 많음을 보여주는 사례다. 2021년 1월 삼성전자 매수 열풍이 불었을 때도 마찬가지였다. 막연히 스마트폰이 잘 팔리니 주가가 오를 것이라고 생각한 투자자가 의외로 많았고, 그중에는 삼성전자가 반도체 사업을 한다는 사실을 모르는 투자자도 꽤 있었다.

주식은 기업의 지분이다. 기업의 이익이 늘어날 것으로 전망되면 주가는 올라간다. 그리고 기업의 이익이 늘어나려면 팔고 있는 제품이 더 많이 팔리거나 판매가가 오르거나 신제품이 나와야 한다. 즉 그 기업이 무엇을 파는지 알고, 그 제품이 시장에서 얼마나 잘 먹힐지를 예측하고 나서야 투자를 해야 한다는 뜻이다. 이 당연하고도 기초적인 상식을 지키지 않는 투자자가 많아도 너무 많다.

당신은 어떤지 생각해보면 좋겠다. 준비도 전략도 없이 막연한 기대와 희망으로 투자에 뛰어들려고 하진 않는가? 그렇다면 앞으로 내가 들려줄 이야기는 아무런 소용이 없을 것이다. 내가 이 책에서 공유하는 모든 방법은 오직 간절함을 원료 삼아 치열하게 공부하고 노력하는 사람만이 실현시킬 수 있는 것이기 때문이다.

대중의 관심 vs 기업의 실적

투자를 하면서 느낀 점 중 또 하나는 대중의 관심은 그리 길지 않다는 것이다. 2007년 태양광 사업이 등장했을 때를 떠올려보라. 대중의 관심은 그야말로 폭발적이었다. 하지만 2011년을 정점으로 10년 가까이 대중은 태양광 투자에 관심을 두지 않았다. 그사이 태양광 시장은 상당히 발전했고 앞으로 화석 에너지를 대체할 강력한 후보로 성장했다. 그리고 2020년 그린 뉴딜로 인해 태양광이 다시금 주목을 받았다. 하지민 2021년 경기 침체 우려로 수가는 다시 내려갔다. 일례로 연초 120달러나 했던 '다초 뉴 에너지'의 주가는 연말에 40달러로 주저앉았다. 재미있는 점은 이 기업의 실적이 연초 대비 연말에 급성장했다는 사실이다. 2020년 순이익이 1,588억이었는데 2021년에는 순

이익이 대략 1조 정도였다. 그런데 주가는 3분의 1 도막이 났다. 기업의 실적보다 대중의 관심이 주가를 좌우한다는 사실을 보여주는 사례다. 하지만 대중의 관심은 길지 않기에, 결국 장기적인 관점에서 볼 때 주가는 기업의 실적에 의해 좌우된다.

그런 점에서 이제 막 증시에 상장하는 공모주, 스팩주(SPAC)는 투자로 적합하지 않다. 증시 상장 첫날부터 많은 대중의 관심을 한 몸에 받게 된 상황으로, 기업의 실적 대비 관심이 더 높아 주가가 고평가될 수밖에 없다. 이후 대중의 관심이 지속될 수 있는 호재가 연이어 나오면 주가는 더 올라가겠지만, 상장 직전에 모든 호재를 끌어다 쓰는 경우가 대부분이기 때문에 상장 이후 주가가 더 오르기를 기대하기는 어렵다.

간혹 상장 이후 주가가 좀더 올라가는 경우가 있긴 한데, 기업의 실적이 좋아져서라기보다는 투자에 불이 붙어서 그런 것뿐이다. 일명 '돈 넣고 돈 먹기' 장이 벌어진 건데, 그러다 어느 날 갑자기 연속 하한가를 기록하게 되면 고점에서 산 투자자는 큰 손실을 볼 수 있다. 이런 돈 넣고 돈 먹기 장은 50~70% 하락은 예삿일이기 때문에 복구가 어려워진다. 그럼 이제 급등주를 따라잡아서 원금을 복구하려고 하는데, 오히려 원금이 더 녹아들어갈 뿐이다. 그렇게 초보자는 힘들게 모은 돈을 잃고 시장을 떠나는 경우가 많다.

에어비앤비가 상장하던 때의 이야기다. 여행을 좋아하는 사람들에게 에어비앤비는 확실한 주식으로 생각됐다. 인기가 높은 만큼 에어비앤비는 상장을 미루면서 공모가를 계속 높여갔다. 그리고 공모가 68달러, 상장 첫날 시초가가 140달러 위로 시작했다. 이후 주식은 계속 급등했는데, 이는 투자자들의 '폭탄 돌리기'였다. 폭탄 돌리기란 투자자들이 몰려들어 주가 급등을 유도한 뒤 단기 차익을 거두고 빠지는 행태를 뜻하는데, 폭탄 돌리기의 대상이 된 주식은 거품이 낀 주식이라 보면 된다. 2개월간 210달러까지 오른 에어비앤비의 주가는 이후 3개월간 급락하면서 140달러 이하로 내려갔다. 상장날에는 140달러도 싸다고 하던 사람들이 이제는 140달러도 비싸다면서 주식을 내던지기 시작했다. 210달러 때 에어비앤비 주식을 산 사람들이 큰 손해를 본 것은 당연한 일이다.

이러한 상황들을 모두 고려할 때, 개인 투자자가 돈을 버는 방법은 '복병 투자'밖에 없다고 생각한다. '복병'은 적을 기습하기 위해 적이 지나갈 만한 곳에 군사를 숨기는 것을 뜻한다. 즉 복병 투자는 대중의 관심이 쏠리고 외인과 기관의 매수세가 들어올 업종 또는 기업 리스트를 작성한 후, 그중 성공 확률이 높은 곳에 나눠서 투자하며 오르길 기다리는 전략이다.

다른 사람들의 관심이 쏠렸을 때, 내 귀에 이 주식이 괜찮다는 소문이 들어올 때는 이미 늦다. 수급이 먼저 들어가서 주가가 올랐고,

그사이 소문이 나면서 대중의 관심이 주목된 상태로 당연히 주가가 높게 형성돼 있다. 이런 경우에는 상승 초기 단계에 투자하지 않는 한 원금을 보장받기 어렵다. 그렇기에 대중의 관심이 쏠리기 전 복병을 먼저 심어놓는 전략이 필요한 것이다.

그럼 이 복병 투자는 어떻게 가능할까? 그 구체적인 방법을 바로 이어서 살펴보자.

주식 투자 필승 전략, '복병 투자'

금융기관은 고객의 돈을 불려야 하기 때문에 싸게 사서 비싸게 팔아 수익을 내야 한다. 그런데 대중의 관심이 집중된 곳은 비싸기 때문에 나중에 팔아서 마진을 남기기 어렵다. 그래서 대중의 관심이 없는 곳을 서서히 매수한 다음, 뉴스와 방송에서 해당 업종에 대한 칭찬을 하며 대중이 몰려들기를 바란다. 실제로 대중이 뒤따라 들어오면서 매수를 시작하면 추가 매수를 해주면서 외인, 기관도 이제서야 사고 있는 듯 연기한다. 개인, 외인, 기관, 이 3가지 주체가 동시에 매수하기 시작하면, 사려는 사람만 있고 팔려는 사람이 없으니 주가가 빠르게 상승한다. 그럼 금융기관들은 매도를 통해 차익을 실현하고, 다시 다른 곳으로 이동한다.

이 패턴에서 우리가 돈을 벌 수 있는 방법은 2가지다. 하나는 금융기관들이 오기 전에 먼저 사서 기다리는 방법이다. 그러면 그들보다 더 낮은 가격에 주식을 샀기에 더 큰 수익을 낼 수 있다. 다만 금융기관의 매수세가 언제 들어올지 모르기에 시간과의 싸움이 필요하다.

다른 하나는 뉴스와 방송에서 좋다고 표현한 초기에 투자하는 것이다. 뉴스만 믿고 사는 것은 금물이지만, 당연히 뉴스는 늘 주목해야 한다. 여하튼 이 경우는 대중이 들어오기 직전이기 때문에 금융기관보다는 비싸게 샀지만 그래도 이익을 낼 가능성이 높다. 다만 이 경우 가격이 적당히 올랐을 때 팔고 나와야 해서 단기 투자를 해야 한다. 의외로 대중이 들어오지 않아 낭패를 볼 가능성도 있다. 갑자기 악재가 나오거나 다른 곳이 더 인기가 있으면 대중은 오지 않고, 그럼 금융기관도 팔고 빠져나간다. 우리 역시 같이 손실을 입고 나와야 한다. 그래서 복병 투자는 주식 투자 필승 전략이지만, 쉽고 간단한 방법은 아니다. 오랜 공부와 냉철한 판단이 필요하다.

유가 전망을 통해 본 나의 복병 전략

내가 하는 방법은 기관보다 먼저 들어가는 복병 전략이다. 앞으로 유망한 업종이면서 주가가 저렴한 업종들을 생각해보자. 건설, 조선, 화학, 원자력, 철강, 시멘트, 태양광, 증권, 은행, 자동차 등이 있다. 안 오르는 이유는 각기 다르지만, 대부분 시간이 해결해줄 수 있는 문제라고 본다. 이제 이 업종들의 전망을 하나씩 분석하는 것이다. 뉴스를 보기도 하고, 증권사의 리포트를 읽기도 하고, 국내에는 나오지 않은 외국 인터뷰 기사나 소식을 검색해보기도 한다. 그러면서 이 업종의 미래가 밝은지 판단해본다.

예를 들어 2022년 유가 전망을 보면, 월가에서는 100~125달러까지 예상한다. 2021년 80달러를 넘어서긴 했지만 2014년 이후로 유가는 계속 80달러를 넘기 어려운 상황이었는데, 그 이유는 미국의 셰일가스 때문이다. 기술이 발전하면서 셰일층에서도 석유를 뽑아내니 공급이 늘고 가격이 하락하게 된 것이다. 이로 인해 2019년 세계 경기가 정점을 찍을 때도 유가가 80달러 부근이었는데, 코로나 이후에 유가가 100달러가 넘으리라 예상하는 근거는 무엇일까?

이는 전 세계가 약속한 탄소 중립 선언 때문이다. 세계적으로 2050년까지 탄소 배출을 제로화하자는 합의가 이루어지고 있으며, 이에 탄소 배출을 하는 기업은 악한 기업, 탄소 배출을 줄이는 기업은 착한 기업이 되고 있다. 글로벌 투자은행들은 석유 시추 업체들에게 투자하지 않겠다고 선언했고, 미국은 국유지에서 석유 시추를 금지하는 등 규제를 강화하고 있다. 유가가 오른다고 석유 회사들이 석유를 시추하기 어려운 상황에 놓였지만, 석유 회사들도 나쁠 것이 없다. 중동도 미국도 석유 시추가 부담스럽다보니 다 같이 공급을 늘리지 않는 상황이 될 텐데, 석유 수요는 나날이 늘어나고 있기 때문이다. 코로나가 해결되면 공장 가동률이 늘고 차량 운행도 늘게 되는데, 그럼 석유 수요는 예상보다 훨씬 늘어날 것이다. 공급은 줄어드는데 수요는 늘어나니 유가가 오르게 되는 것이다.

자, 유가가 오르면 어느 업종이 호재일까?

유가가 오르면 우선 자동차부터 교체 수요가 발생한다. 유가가 대폭 상승하면 좀더 유류비가 적게 드는 전기차 또는 하이브리드차 판매가 급증하게 될 것이다. 실제로 2010년 유가가 110달러를 넘었을 때 하이브리드 차량이 불티나게 팔렸다. 이번에는 전기차를 사려는 수요가 가장 클 텐데, 차량 인도 기간만 반년 넘게 걸리다보니 테슬라 외에도 여러 자동차 회사들의 전기차나 하이브리드차 판매가 크게 늘 것으로 예상된다. 그럼 PER 10배 이하인 자동차 주식들로 돈이 몰릴 수 있다.

또한 고유가가 벌어지면 석탄, 천연가스 가격도 올라가고, 그럼 전기료가 올라간다. 그런데 전기차 교체 수요가 급증하면 전기 부족 현상이 더 심각해진다. 평소 여름만 되면 블랙아웃이 오니 에어컨 사용을 줄이라고 하는 상황에서, 전기차들이 곳곳에서 충전하며 전기를 쓰는 모습을 떠올려보라. 분명 전 세계적으로 전력난을 어떻게 해결할 것이냐는 문제가 대두될 것이다. 그러면 친환경 에너지 중 가장 대중성이 높은 태양광 설비 판매가 크게 늘어나리라 예상할 수 있다. 그리고 국가 차원에서는 장기적으로 저렴하게 전기를 생산할 수 있는 원자력 발전을 검토할 가능성이 높다. 실제로 EU에서는 원자력을 친환경 에너지로 분류하자는 검토를 하고 있다(중국은 이미 친환경 에너지로 분류했다). 미국은 한국과 원자력 협의체를 결성했고, 몇 년 내에 여러 나라들이 원자력 건설 발주를 넣을 예정이다. 그럼 태양광, 원자력 관련 업종에 돈이 몰릴 수 있다.

여기서 끝이 아니다. 천연가스 가격이 오르기 시작하면, LNG 수출국인 카타르, 미국, 러시아는 생산을 늘릴 것이고 그럼 LNG 운반선 주문이 밀려들 것이다. LNG 선박을 만들 수 있는 나라는 한국, 중국, 일본 정도인데, 이 중 일본은 표준이 달라 주로 자국 용도로만 제작한다. 그리고 기술력은 한국이 가장 우위에 있다. 그럼 한국의 LNG 선박 제조 업체인 현대중공업, 삼성중공업, 대우조선해양이 수주를 싹쓸이할 수도 있다.

계속 나아가보자. 유가가 오르면 중동의 국가들은 돈을 벌게 된다. 그러면 중동은 그들의 가장 큰 고민인 석유 다음의 먹거리에 대한 투자를 늘리기 시작할 것이다. 사우디의 경우 서쪽에 600조 규모의 차세대 도시인 네옴시티를 건설 중이며, 석유를 기반으로 하는 화학 공장, 담수화 시설, 태양광 발전 시설 등 인프라에 투자하고 있다.

유가 상승에 따른 수익으로 인프라 투자는 더욱 확대될 것이며, 그럼 중동과 오랫동안 거래했던 한국의 대표 건설사들인 현대건설, 삼성물산, 대우건설, DL이앤씨, GS건설에 대규모 수주가 줄이어 들어올 가능성이 높다. 그래서인지 최근 현대건설은 친환경 사업으로 소형 원자로 사업에도 진출했다. 중동이 원하는 사업들로 포트폴리오를 구성하는 느낌이다.

유가 상승은 경기가 좋아진다는 의미이기도 하다. 유가가 오르면 전 세계적으로 돈을 푸는 국가들이 늘어나고, 그러면 경기가 호황으로 가게 된다. 이때 대표적인 경기 민감주인 화학 업체들의 수익이 커진다. 유가가 오를수록 화학제품 가격도 상승하기 때문에 마진이 점점 커져 높은 이익을 취하는 것이다. 또 경기가 좋아지면 금리가 오르게 되고 그럼 은행들도 대출-예금금리 차를 늘리면서 마진을 키울 것이다. 그럼에도 경기 호황에 따른 투자 의욕 극대화로, 대출을 받아 투자하려는 수요가 늘면서 매출과 이익이 동시에 늘고, 주가가 오를 가능성이 높아진다. 증시도 활황이 되면서 증권사도 그동안 받은 저평가에서 비로소 해방될 수 있다.

1등 주식과 슈팅스타 주식을 동시에 사라

이렇게 유가와 향후 경기 전망을 예상했다면, 다음은 어떤 업종이 가장 높은 확률로 상승할지 순서를 매긴다. 어차피 주가가 크게 오른 종목들도 아니고 PER이 낮은 저평가 주식이기 때문에, 지금 상황에서는 설사 물려도 그다지 손실이 크지 않다. 이 중에서 괜찮은 업종 3~4개를 선택하고 상승 확률이 더 높은 순서로 비중을 조절한다. 투자는 돈을 많이 버는 것도 중요하지만, 그보다 가장 성공 확률이 높은 곳에 돈을 넣는 것이 더 중요하다. 그래야 어떤 상황에서라도 원금을 지킬 수 있기 때문이다.

업종 내에서도 업계 1등 주식과 슈팅스타 주식 1개, 이런 식으로 분산 투자를 한다. 건설업을 예로 들면, 1등으로 현대건설, 슈팅스타로 DL이앤씨를 포진하는 식이다. 보통 1등 주식은 확실히 오르지만 상승률은 슈팅스타를 따라가지 못하는 경우가 많기 때문이다. 슈팅스타를 알기 어렵다면 그 업계 시총(시가총액) 1등 주식과 2등 주식을 나눠 사면 된다.

이제 마지막으로 할 일은, 조용히 기다리는 것이다. 주가가 오르든 내리든 신경쓰지 말고 그저 기다리면 된다. 유가가 오르고 경기가 호황으로 오는 것이 맞는지만 확인하자. 국내 뉴스보다는 외국의 주요 뉴스를 보면서 월가의 언급을 지켜보기를 추천한다. 바이든 대통령의 발언, 미국과 유럽, 중국의 외교관계들에 주목하면서 돌발변수를 체크하고, 변수가 없다면 계속 기다려보자. 기다리는 시간은 보통 1년을 잡고, 변수도 없고 계획에 차질이 없다고 판단되면 2년, 3년 이상 기다린다. 만약 펀드매니저였다면 해고를 당하겠지만, 나는 내 돈이기 때문에 잘리는 일 없이 내 투자 철학을 이어갈 수 있다. 이게 개인 투자자가 지닌 가장 큰 강점이다. 속된 말로 '존버'가 가능한 것이다.

복병 투자를 실시하고 기다리면서 또다른 종잣돈이 만들어지면, 새로운 업종에 복병을 설치하거나 기존 업종들을 추가 매수한다. 흔히 추가 매수는 주가가 하락하거나 기대만큼 오르지 않았을 때 이루어지므로 이를 반기지 않는 사람들이 많은데, 추가 매수를 즐겁게 생각하길 바란다. 내가 사들이는 수량이 늘어난다는 것은, 이 길목으로 돈이 지나갈 때 내가 얻을 부의 크기도 더 커진다는 의미다. 내가 더 부자가 될 수 있도록 시간을 벌어주고 있으니 얼마나 좋은 일인가, 하면서 판을 더 키우자.

조만간 코로나가 종료되면 세계 경기의 분위기가 침체에서 희망으로 바뀔 가능성이 높다. 2021년 하반기에는 앞으로 인플레와 금리 인상으로 세계 경기가 어려워질 것이라는 뉴스들이 나왔지만, 코로나가 끝나면 이제 공급난이 해결돼서 인플레 우려가 사라질 것이고 경기지표가 좋아져서 금리 인상이 부담스럽지 않다며 경기가 상승할 수 있다는 보도가 나올 것이다. 만약 이런 예측이 틀렸다고 하더라도 내가 산 업종들은 저평가 업종들에 배당 수익률도 나쁘지 않기에, 손실을 최소화할 수 있다. 반면 예상대로 언론이 좋게 보도를 시작하고 외국인, 기관의 돈이 해당 업종으로 들어오기 시작한다면? 이때 바로 팔지 말고 대중이 열광할 때까지 기다려야 한다. 그리고 마침내 대중의 관심이 쏟아지다면? 이제 매도 시점을 잡아 수익을 확정짓는 일만 남았다.

매수에는 전문가가 있어도, 매도에는 전문가가 없다. 대중의 광기는 예측이 안 되기 때문에 한번 불붙은 종목이 몇 배 오를지는 누구도 맞힐 수 없다. 그렇기에 내가 생각한 목표 주가(예를 들어, 추정 PER 10~15배), 외국인과 기관이 대량으로 매도를 시작한 시기, 주가 상승 곡선이 급격히 올라가는 시기 등 본인이 기준을 정하고 분할 매도를 하면 된다. 분할 매도를 하는 이유는 후회를 최소화하기 위해서다. 천천히 나눠서 팔면서 현금을 챙기고 비중을 줄여간다. 예를 들어 보유 수량의 10% 정도씩 계속 줄여나가는 전략이 있다. '90%→81%→73%→66%'로 줄여나가다보면 팔지 못하고 남는 주식이 생길 수 있는데, 이건 기념품으로 남겨두면 된다.

지금까지 나의 복병 전략을 살펴봤지만, 초보자가 이렇게 돈의 흐름을 캐치하기는 쉽지 않을 수 있다. 의견이 분분한 상태에서 유가가 100달러를 가고 경기가 호황이 될 거라 확신할 수 있는 초보자는 많지 않을 것이다. 그래서 초보자일 경우 차라리 좀더 길게 보고 적립식으로 투자하는 방법이 있다. 좋아질 산업의 대표 기업들을 매달 월급날마다 꾸준히 사서 모으는 방법이다. 보통 이런 산업들은 전망이 좋기 때문에 지금은 주가가 비싸다. 하지만 세계 경제가 좋아지고 나빠짐에 따라 주가 역시 상승과 하락을 반복하기에, 매달 분할 투자로 평균 매수 단가(이하 '평단가')를 낮추면서 꾸준히 사들이는 것이다. 대표적인 분야는 전기차, 리튬, 클라우드, 스마트팩토리, 로봇, 자율주행, 6G, 헬스케어 분야들이다. 시간의 문제지, 어차피 좋아질 분야이기 때문에 매달 사서 모은다면 나중에 꽤 큰 자산이 되어 있을 가능성이 높다.

7년이 아니면
7분도 길다

내가 복병 투자를 즐기게 된 계기는 첫 장기 투자의 성공이다. 2007~2008년 건설 경기가 매우 좋던 시절, 아세아시멘트 주식을 사게 됐다. 꽤나 고점에서 산 까닭에 평단가가 6만원 정도였는데, 이후 2008년 글로벌 금융위기가 오면서 주가가 반토막났다. 하지만 워낙 우량주고 배당도 나쁘지 않아 그냥 기다려봤다. 그리고 다음해에 취업을 하면서 투자금을 대폭 늘렸다.

2009년부터 경기가 살아났는데, 안타깝게도 부동산은 충격이 회복되지 않았고 건설사도 매우 힘들었다. 그럼에도 주가가 잘 버티고 있어서 대량 매수를 했지만 평단가가 낮아지지는 않았다. 언제 끝날지 모르는 싸움이라 추가 매수는 중단하고, 새롭게 모은 종잣돈으로

OCI를 매입했다. 원래는 장기 투자용으로 산 주식인데 2011년 일본에 쓰나미가 오면서 원자력 발전소에 문제가 생겼고, 대중의 관심이 태양광으로 쏠리면서 순식간에 주가가 2배가 됐다. 의도치 않게 주가가 너무 빨리 올랐기에 이건 매도를 해야겠다고 판단했고, 63만~66만원 구간에 전량 매도를 하고 현금화했다. 그 후로 OCI는 치킨게임 수렁에 빠지면서 10년간 주가가 계속 하락해 한때는 2만원까지 내려갔다. 이때 역설적이게도 시멘트 주식이 더 나빠지면서 다시 반토막이 됐다. 나는 다시 추가 매수를 하면서 평단가를 낮췄다. 이후 주가는 다시 회복되는 수준이 됐을 뿐 크게 오르지는 않았다. 건설업도 불황이 심했다. 2012년 당시 분양가보다 30% 할인 분양해주는 메이저 건설사도 있을 정도였다.

2013년이 되고 세종시에 직장을 갖게 되면서, 신도시의 분위기를 빠르게 파악할 수 있었다. 뉴스에서는 건설 경기가 어렵다고 하는데 신도시 모델하우스에는 사람들이 들끓었다. 미분양, 포기 물량이 모인 4순위 청약 시장에서는 즉석에서 프리미엄 거래가 되고 있었고, 웃돈을 주고 좋은 층을 사는 수요들도 종종 발견할 수 있었다. 아파트는 끊임없이 지어져 골리앗 크레인이 하늘을 수놓았고, 레미콘 트럭이 곳곳에서 눈에 띄었다. 그리고 저층만 빼고 미분양은 거의 없었다. 그런데도 뉴스에서는 미분양이라고 보도하며 대중의 불안감을 키웠다. 하지만 당시에 여러 지역을 가보니 세종시만 건설붐이 이는 것인 아니라 전국의 여러 신도시들, 지구, 재건축 등에서 건설에 활기가 느껴졌다. 여기에 결정적으로 건설사들이 할인 분양을 안하기 시작했다.

시멘트를 오랫동안 투자한 사람으로서 촉이 왔다. 바람이 북서풍에서 남동풍으로 바뀌는 느낌. 그때까지 모은 현금을 시멘트 주식에 올인했다. 이번에는 아세아가 아니라 쌍용양회(현 쌍용C&E)를 추가 매수했다. 아세아는 시장점유율이 낮지만 안정성이 뛰어났고, 쌍용은 당시 시장점유율은 높지만 재무가 불안했다. 역으로 쌍용이 슈팅스타인 시절이었던 것이다.

그렇게 반년이 조금 더 지나고 이후 주가는 계속 쉬지 않고 올랐다. 아차 하는 순간에 올랐다고 보면 된다. 주가를 자주 확인하지 않는 성격이라 한참 후에 보니 주가가 많이 올라 있었다. 당시는 다음 투자로 부동산을 고려하고 있어서 경매 임장도 다니고 임대업도 준비하던 시절이었다. 적당히 분할 매도를 해서 2014년 하반기에 수익을 실현했다. 만약 1년을 더 들고 있었으면 수익률이 더 높았을 텐데, 이 타이밍에 청약에 당첨되면서 부동산을 저점에서 사게 되어 돈이 필요했던 관계로 팔 수밖에 없었다. 부동산 수익까지 합쳐서 생각하면 오히려 더 좋은 판단이었다.

그렇게 7년에 걸친 장기 투자를 성공적으로 마무리했다. 물론 운이 따르긴 했다. 중간에 OCI의 행운이 없었더라면, 평단가를 크게 낮추지 못했을 것이다. 하지만 그때 OCI의 수익을 다른 곳에 투자했다면, 장기 투자는 성공하지 못했을 것이기도 하다. 어쨌든 이 장기 투자의 성공이 내게 일깨워준 몇 가지 사실이 있다.

첫째, 증시 활황기에는 저평가라고 하더라도 안 사는 것이 좋다.

나의 경우 만약 2007~2008년에 아세아를 사지 않았더라면 평단가는 더 낮아져, 더 큰 수익을 올릴 수 있었을 것이다.

둘째, 장기 투자를 위해서는 현금 흐름이 중요하다.

당시 나는 월급이 있었기 때문에 장기 투자가 가능했다. 투자에서 빨리 성과가 나오지 않아도 먹고사는 데 문제가 없으니, 차분히 기다릴 수 있었던 것이다. 그사이에 경매 공부도 하고, 인테리어도 배우는 등 다른 분야를 개척할 시간을 벌 수 있었고, 추가 매수를 할 현금이 유입될 수 있었다. 그렇지 않았으면 평단가를 낮추기 어려웠을 것이다.

셋째, 장기 투자는 판단의 정확성을 높여준다.

나의 경우 오르기 직전 느껴진 촉이 수익률 극대화에 도움이 됐다.

장기 투자를 하면서 그 분야에 대한 관심이 지속적으로 있었기에 변화의 바람을 바로 알아챈 것이다. 만약 장기 투자를 하지 않았으면 그냥 지나쳤을지도 모른다.

워런 버핏은 "10년을 갖고 갈 주식이 아니면 10분도 보유하지 말라"고 했다. 감히 그의 말을 내 식으로 변형해보자면, "7년이 아니면 7분도 길다"고 말하고 싶다. 7년의 장기 투자를 각오할 만큼 확신이 있는 주식이 아니라면, 7년을 투자할 각오가 돼 있지 않다면, 보유 시간 7분도 길다는 의미다. 물론 반드시 7년일 필요는 없다. '7'은 상징적 숫자일 뿐, 결국은 장기 투자가 중요하다는 뜻이다.

현금 흐름을
다각화하라

'우량주에 투자해 장기간 보유하라.' 투자의 고전과도 같은 지침이다. 그런데 이를 실천하는 투자자는 많지 않다. 왜 장기 투자는 어려운 걸까?

첫째, 오래지 않아 돈을 쓸 일이 생기기 때문이다. 차를 사거나 전세금을 만들거나 집을 사기 위해서 목돈이 필요해지는 경우다. 당장 돈이 필요하면, 수익이 났든 손실이 났든 상관없이 매도한다. 애초에 장기 투자가 불가능한 자금으로 투자했기에 벌어지는 일이다. 목돈을 묵히면 아까우니까, 잠깐만 투자해서 어느 정도 수익을 올리고 팔면 되지, 하는 안일한 마음으로 뛰어든 것인데, 단기간에 쓸 일이 있는 돈은 절대 투자하지 않는 것이 좋다. 투자를 할 때는 반드시 돈을 잃을 상황도 생각해야 한다. 그런데 조만간 사용할지 모를 돈을 투자했다가 잃으면 자금 계획이 다 꼬이고, 대부분의 직장인들은 그 상황을 해결할 방법이 없다.

둘째, 불안감 때문이다. 아무리 열심히 공부하고 투자해도 주가가 잘 오르지 않거나 떨어지면 불안할 수밖에 없다. 보통 공부를 많이 한 사람들일수록 안전한 주식보다는 대박을 낼 수 있는 바이오나 테크 주식을 선호하는데, 여기에는 공부한 값까지 보상받으려는 심리가 깔려 있다. 하지만 이런 주식은 등락 폭이 커서 불안감을 더욱 증폭시키는 관계로 투자에 유의해야 한다. 설사 주가가 올라도 불안감이 작동한다. '혹시 이게 고점이고, 앞으로 떨어지지는 않을까? 그런데 지금 팔았는데 더 오르면 어떡하지?'라는 불안감에 시달린다. 결국 불안감이 극에 달하면 마음의 평화를 찾고자 본능적으로 매도 버튼을 누르게 된다. 투자는 머리로 하는 것이라고 생각하지만, 사실 매수와 매도는 대부분 가슴이 시키는 대로 따라간다. 그만큼 투자는 심리의 영향을 크게 받는다는 뜻이다.

이런 조건에서 장기 투자로 돈을 버는 것이 얼마나 어려운 일인지 깨닫게 된다. 하지만 장기 투자로 돈을 버는 사람은 분명 존재한다. 장기 투자를 위해서는 어떤 준비가 필요할까?

매도의 유혹에 빠지지 않는 법

장기 투자의 핵심은 환경 조성이다. 현금 흐름을 다각화해 불안감을 지우고 안정적인 투자를 지속하는 것이다. 나의 경우 20대 초반부터 N잡을 하는 등 다양한 루트로 돈을 벌었고, 주식 투자를 하는 중에도 현금 흐름을 다각화하기 위해 부단히 노력했다.

우선 월급이 꾸준히 들어오고 있었고, 어릴 적부터 쓴 책의 인세들도 계속 입금됐다. 여기에 더해 20대 후반부터 시작한 온라인 강의의 수입과 임대업을 통한 월세도 있었다. 부수입을 다 합친 금액이 월급을 넘지 않더라도, 여러 곳에서 돈이 들어오면 안정감이 생긴다. 한 곳에 문제가 있어도 다른 곳에서 돈이 들어오기 때문에 생계와 생존에 대한 두려움이 사라진다. 그럼 주식 투자에서 큰 손실이 발생하지 않는 한, 주가가 약간씩 오르고 내리는 것에 대해서는 둔감해진다.

나는 특히 주식 투자를 하면서 부동산 투자 비중을 조금씩 늘려간 것이 많은 도움이 됐다. 당시는 아파트 가격이 몇 년째 바닥을 다진 상황이라 더 떨어질 리는 없어 보였고, 내가 택한 곳은 공실이 날 자리도 아니었다. 대출을 받을 경우 임대 수익률이 10%가 넘었는데, 여기에 셀프 인테리어 기술을 사용해 투자금을 절감함으로써 임대 수익률이 더 올라갔다. 첫 아파트는 임대 수익률과 매각 수익률을 포함해 33%의 수익률을 냈다. 두 번째 셰어하우스의 수익률은 연 22%

였다. 이후 임대 수익으로 월 500만원 넘게 벌어본 적도 있다. 어떻게 보면 서른 살에 이미 경제적 자유를 달성해본 셈이다. 하지만 그때는 경제 교육 업무에 집중하고 싶은 마음에 어느 정도 수익률을 찍은 뒤 임대 자산을 모두 매각해서 차익을 거두고 종료했다. 세입자가 한둘일 때는 괜찮은데 스무 명이 넘으니 스트레스가 쌓이기 시작한 것도 임대업을 정리한 이유 중 하나였다.

여하튼 임대 수익이라는 다른 현금 흐름을 통해 얻은 마음의 평화는, 주식 투자에 큰 도움이 됐다. 그래서 이후에도 다양한 곳에서 현금이 들어오는 시스템을 계속 유지했다. 설사 보유 주식이 떨어져도 계속적으로 수입이 생기니 불안함이 덜했다. 덕분에 '때 되면 오르겠지' 하는 믿음의 투자도 하고, 주가가 내리면 좀더 추가 매수를 하면서 보유 수량을 늘렸다. 물론 추가 소득을 위해 몸은 엄청 바빠지고 쉴 틈이 없었지만, 주가가 오르지 않아도 자산 규모를 늘려가니 투자에 대한 부담감이 확 줄어든 것은 엄청난 소득이었다.

투자에 대한 부담감이 줄면 투자에 대한 자신감이 생긴다. 이 투자에 실패해도 다른 투자로 돈을 벌 수 있고 현금 흐름은 여유가 있다고 생각하게 되니, 돈이 생기는 내로 투자를 반복하게 된다. 그래서 나는 지금도 주식 투자와 부동산 투자를 같이 하고 있다. 동시에 비중을 늘리진 못하지만 주식을 사고 난 다음 타임은 부동산에 집중하고, 그다음 타임은 주식에 집중하면서 둘 다 자산을 늘려가는 전략을 쓴다. 그럼 부동산에 신경쓴 사이 주식 자산이 늘어나 있고, 주식에 신경쓴 사이 부동산 자산이 늘어나 있다.

다양한 현금 흐름이 주는 가장 큰 장점은 주식이든 부동산이든 매도하지 않게 만들어준다는 것이다. 현금이 계속 유입되지 않으면, 결국 오른 것을 팔아 다음 것에 투자해야 한다. 그런데 대개 주식이 오르는 시기에는 부동산도 오르고, 부동산이 내리는 시기에는 주식도 내린다. 비싼 것을 팔아 싼 것을 사고, 이후 이것이 비싸졌을 때 팔아야 큰 이익을 취할 수 있는데, 비싼 것을 팔아 비싼 것을 사게 되고 싼 것을 팔아 싼 것을 사게 되는 경우가 많은 것이다.

현금이 계속 유입되면, 주식이든 부동산이든 가진 것을 굳이 팔 필요가 없다. 들어온 현금으로 생활비를 쓰고 저축을 하며, 저축으로 모은 돈은 계속 자산을 사들이는 것이다. 그리고 모인 자산은 매도 없이 계속 보관하는 것이다. 그럼 현금 흐름이 더 좋아진다. 부동산은 월세가 들어오고, 주식은 배당이 들어오기 때문이다. 부동산은 보유세가 있어 다소 부담이 되지만 보통 현금 흐름에 비례하기 때문에 견딜 만하며, 주식은 보유한다고 해서 내는 세금이 없으니 더 견딜 만하다. 물론 한국의 경기 민감주나 급등한 지방 부동산이라면 매도를 고려해볼 수 있지만, 그 외는 대부분 매도하지 않고 계속 가져가는 것이 현명한 선택일 때가 많다.

시간이 흐르면 월급도 오르고 추가 소득도 커지고 자산에서 들어오는 현금도 늘어나기 때문에 현금 흐름은 더 원활해진다. 그게 어느 시점을 넘어가면 이제 월급이 없어도 현금 흐름에 지장이 없는 순간이 온다. 이렇듯 자산과 현금 흐름 모두 양호할 때, 그 타이밍이 경제적 자유를 선언하기 좋은 때이다.

주식도
부동산처럼 투자하라

나는 주식 투자를 하면서 부동산 투자도 같이 공부했다. 부동산 투자를 위해 돌아다닌 것이 2006년 8월이니 어찌 보면 시작은 부동산이 먼저였다고 할 수도 있겠다. 공부방을 시작하면서 아파트 월세를 알아봤을 때 보증금 1,000만원에 월세 50만원이었는데 매매가는 로열층 기준으로 8,700만원 정도였다. 그런데 1년이 지나자 집주인이 집값이 2배가 올라 팔기로 했다며 집을 비워달라고 했다. 열심히 공부방을 하며 번 돈보다 집주인이 집을 팔아 번 돈이 더 많다는 사실에 적잖이 당황했다.

당시 집 가격이 2배가 될 만한 이유는 충분했다. 해운대 백병원, 해운대-울산 고속도로 개통 등 호재가 나오면서 가격이 상승한 것이다. 그때는 예산도 해운대 중심으로 투하되면서 서부산 주민들의 불만도 많았다. 나로서는 예산을 집중해 인프라를 투자하고 신도시를 만들어주면, 그 지역 부동산 가격이 상승하는 것은 시간문제라는 사실을 직접 목격한 값진 경험이었다.

세종시도 마찬가지다. 논밖에 없던 땅에 행정수도를 만들고 국가의 예산을 집중 투하했다. 인근 오송에 KTX역을 놓고, 도로를 만들고, 땅을 다지고, 호수공원을 조성하고, 필지를 예쁘게 다듬었다. 이어 정부청사가 들어서고 과천에 있던 공무원들을 이주시켰다. 또 그들이 정착할 수 있도록 분양권을 주고, 전국에서 청약을 할 수 있게 했다. 이후에도 공공기관을 추가로 들어서게 하고 인프라, 시설을 계속 충원했다. 그렇게 국민의 세금이 집중된 세종시 부동산 가격은 10년 만에 크게 상승했다.

이후 나는 신도시에 대한 공부를 많이 했는데, 제일 먼저 발견한 지역은 동탄신도시다. 동탄은 경부고속도로 서쪽의 동탄1과 동쪽의 동탄2로 나뉘는데, 동탄1은 2007년경에 입주를 시작했고 동탄2는 2016년경에 입주를 시작했다. 몇 년 전 판교신도시의 성공을 놓쳤던 나는 판교보다 아래긴 하지만 동탄이 향후 가치가 있다고 판단했다. 우선 동탄2신도시는 도시 규모가 상당히 컸던 관계로 초기에는 공급 우위라 부동산 가격이 저렴했다. 하지만 이런 대형 도시들은 공급이 완료되고 나면 편의 시설이 풍족해지기 때문에 살기 좋은 도시로 바뀐다. 즉 대형 신도시는 시간과의 싸움에서 버티면 되는 것이다.

또 동탄 근처는 일자리도 풍부하다는 점에서 높이 샀다. 기흥의 삼성전자를 비롯해 오산의 LG전자와 여러 산업단지들이 존재하고, 경부고속도로가 있어 출퇴근에 유리하다. 여기에 SRT가 개통되면서 수서까지 15분 정도면 도착하고, 곧 개통될 GTX를 타면 삼성역까지 20분이면 도착한다. 그래서 당장은 가격이 저렴해도 일자리가 충분하니 전세 가격이 우상향할 것이고, GTX가 개통되고 나면 대중의 주목을 받을 것이라고 판단했다.

그런데 신도시 초기에 대중들이 잘 투자를 하지 않는 이유가 있다. 먼저 공사 현장에 가득한 먼지와 콘크리트 흉물들 때문이다. 보기에 예쁘지 않아서 투자를 안 하는 이들이 꽤 된다. 공사가 다 끝나고 상가에 가게가 꽉 차고 학교가 안정화되면, 그때 투자하겠다며 발길을 돌리는 사람이 적지 않다. 지금이야 아파트 가격이 비싸니 일찍 투자해보겠다는 판단이 가능하지만, 그 당시에는 아파트 가격에 웃돈도 얼마 되지 않았다. 나중에 몇 천 더 주고 사면 된다는 생각을 하는 사람들이 많을 수밖에 없었던 것이다. 또 인프라 부족도 신도시 초기 투자를 꺼리게 되는 이유다. 초기에는 공공기관, 상가, 병원, 학원 등 주민 편의 시설이 부족하고, 버스 등 대중교통도 불편하다보니 전세 가격이 낮게 형성된다. 그래서 전세를 끼고 투자하기가 부담스럽고 실수요자 위주로 투자가 이뤄져 가격이 높게 형성되지 않는다. 바로 이때가 저렴하게 투자할 수 있는 마지막 단계다. 나는 이때 친구 2명에게 투자를 권유했는데, 기준에 만족하는 물건이 없다며 둘 다 투자하지 않았다. 당시에 프리미엄이 2,000만원대였는데, 4년이 지나 3배 이상 올랐다.

두 번째로 주목했던 신도시는 미사신도시다. 2019년 11월에 갔을 때 미사신도시는 서울 인근이라는 프리미엄이 있어 가격이 약간 올라 있는 상태였다. 지금 생각해보면 오른 가격도 아니었지만 말이다. 여하튼 당시는 5호선 역이 개통하기 얼마 전이었고 입주한 아파트들과 입주 예정인 아파트들이 섞여 있었다. 중심 상가에는 가게들이 꽤 들어왔지만, 공사 막바지인 아파트들이 많다보니 도시는 건설 현장과 레미콘들로 번잡했고 지하철 공사가 마무리 단계라 중심 상가도 어수선했다. 역시 지인을 데리고 가 미사역 근처 투자를 권유했는데, 공사 현장을 보더니 자기가 생각한 예쁜 신도시가 아니라며 투자를 하지 않았다. 이후 여기는 2년 만에 2~3배가량 올랐다.

신도시와 주식의 공통점

신도시 이야기를 한 이유는 주식 투자가 신도시 투자와 별반 다르지 않기 때문이다. 신도시 계획도가 나와 있고 공사 현장을 봤음에도 투자자들은 잘 신뢰하지 못한다. 완성된 모습을 직접 목격하지 못했기 때문이다. 그래서 신도시가 완성된 후 거리에 활기가 돌고 인프라가 충분히 갖춰져 살기 좋아지고 나서야 매수를 생각한다. 고속도로나 지하철이 개통되고 나면 보통 6개월 이후부터 가격이 크게 오르는데, 그 이유는 사람들이 개통된 것을 경험하고 나서야 매수를 생각하기 때문이다.

주식도 마찬가지다. 앞으로 전망을 보면 성장이 예상되는 사업인데, 사람들은 경험해보지 못했기 때문에 확신을 가지지 못한다. 그래서 주변에 전기차가 돌아다니는 것을 보고 나서야 전기차 투자를 결심하고, 스마트폰이 애플로 도배되고 나서야 애플 주식을 산다. 늦어도 너무 늦은 투자임은 굳이 말할 필요 없을 것이다. 앞으로 소형 원자로, 스마트팩토리, 자동화 로봇, 자율주행이 현실화될 것임에도 불구하고, 사람들은 이것들이 눈에 보이고 나서야 투자를 생각할 가능성이 높다. 그래서 앞으로 당연히 올 것임에도 불구하고 대중이 확신을 갖지 못하는 업종이 있다면, 이때가 좋은 투자 기회라고 본다.

기업이 제품이나 서비스를 연구해서 실험에 성공한 뒤, 양산을 통해 수익화를 하려면 짧아도 2~5년의 시간이 걸린다. 신도시도 투자를 해서 원하는 수익을 충분히 거두려면 짧아도 2~5년의 시간이 걸린다. 물론 팔지 않고 더 보유하면 더 높은 수익을 낼 수 있다. 그런데 투자자들의 패턴을 보면 부동산은 장기간 투자하면서도 주식은 사고 나서 당장 주가가 오르기를 바란다. 예전에 강연을 하고 질문을 받는데 한 분이 '어떤 주식을 두 달 동안 장기 투자 중인데 주가가 안 올라 답답하다며 언제 오르냐'고 물었다. 많은 이들이 자신은 장기 투자자라고 말하지만, 보통 1년 이상 보유하는 주식이 별로 없다. 이런 접근으로는 수익을 보기 어렵다.

기업은 주가에 관심이 없다. 그냥 생존을 위해 투자하고 성장하기를 반복할 뿐이다. 이를 보는 투자자들은 혼자 급발진해서 주가를 올리기도 하고, 실망해서 주가를 하락시키기도 한다. 예를 들어 삼성전자가 미국에 반도체 공장을 지었다는 뉴스가 나왔으니 당장 주가가 올랐으면 한다. 이 공장이 돈을 벌어 감가상각을 치고 손익분기점을 넘기려면 3년은 있어야 한다고 보는데도 말이다. 그래서 장기 투자가 유리한 것이다. 호재가 나왔을 때 대중은 당장 주가가 오르기만을 바란다. 그래서 호재에도 불구하고 주가가 별로 오르지 않으면, 실망하고 매도한다. 이때 장기 투자자는 호재가 빛을 발할 미래를 기다리며, 대중이 팔고 간 주식들을 매수한다. 우량주는 남들이 주목하지 않을 때 5년은 보유한다는 생각으로 싸게 사두면 괜찮은 수익을 거둘 수 있다. 물론 우량주를 보는 능력, 5년 이상을 기다릴 수 있는 인내력, 팔지 않고 현금 흐름을 유지할 수 있는 여유가

필요하다. 이것만 갖출 수 있다면 부동산처럼 여유롭게 주식 투자를

할 수 있다.

역발상
투자의 힘

로마는 북아프리카의 카르타고를 정복하며 지중해 패권을 장악했다. 그리고 절대 강국이 되었다. 그런데 이때 스페인 지역에서 힘을 기른 한니발 장군이 로마를 공격해 멸망 직전까지 몰고 갔다. 일개 장군 한 사람이 그 지역 군사들로 당대 최강의 제국을 멸망시킬 뻔하다니, 이게 어떻게 가능했을까? 비결은 '역발상 전략'이었다.

스페인에서 로마로 가려면 험준한 알프스 산맥을 넘어야 한다. 지금노 겨울 능산은 힘든 일이지만, 기원전이었던 당시는 겨울에 산을 넘기란 아예 불가능한 일이었다. 이에 로마는 알프스 산맥은 제외한 채 해안 길목에 군대를 집중시켰다. 하지만 한니발은 로마의 생각과는 전혀 반대되는 발상, 즉 역발상을 택했다. 한겨울 한니발은 코끼

리 부대를 포함해 10만 이상의 병사를 이끌고 알프스 산맥을 넘었다. 그중 절반 이상이 반발해 돌아가거나 목숨을 잃었지만, 그래도 남은 군사를 이끌고 결국 알프스 산맥을 넘었다. 로마 군대는 예상치 못한 곳에서 출몰한 한니발 군대로 인해 패닉에 빠졌다. 그들은 한니발의 군대보다 훨씬 강하고 군인 수도 많았지만, 당혹감에 휩싸여 제대로 싸우지 못했다. 패닉 상태의 그들을 대패시킨 한니발의 군대는 그 지역 도시 국가들을 자기편으로 만들어 로마를 향해 진격했다. 한니발은 그 이후에도 기발한 전략으로 로마의 대군을 차례로 격파하면서, 로마를 멸망 직전까지 몰아붙였다. 수와 힘의 열세를 극복한 역발상 전략의 힘이었다.

역발상 전략은 전쟁뿐 아니라 투자에서도 유효하다. 유럽의 전설적 투자자 앙드레 코스톨라니는 역발상 투자로 유명하다. 그는 제2차세계대전이 끝나고 독일이 패망하자 당시 모두가 망할 것이라고 봤던 독일의 국채를 사들였다. 그 결과, 그는 140배의 시세 차익을 거뒀다. 여기에 반전이 있다면 코스톨라니가 헝가리에서 태어난 유대인이라는 사실이다. 자신의 적국이 재건에 성공할 것에 돈을 걸다니, 감정 때문이라도 투자를 안 할 법한데 그는 냉정한 투자가였다. 비슷한 시기, 코스톨라니는 패전국인 이탈리아의 자동차 회사 주식을 사서 10배의 수익을 냈고, 이후 소비에트 연방의 붕괴 징조가

보이자 옛 러시아제국 국채를 매수해서 6,000배의 수익을 올렸다. 그래서 붙은 별명이 '역발상의 귀재'다.

역발상 투자가들이 큰 수익을 내는 이유는 간단하다. 모두가 좋게 보지 않은 것을 싸게 사서, 모두가 열광할 때 팔기 때문이다. 보통의 투자자들이 돈을 잃는 이유 역시 간단하다. 모두가 좋게 보는 것을 비싸게 사서 모두가 나쁘게 전망할 때 싸게 팔고 나오기 때문이다.

친환경 플라스틱 이슈는 주가가 오르는 시기에 함께 각광을 받았다. 바다, 육지에 버려도 잘 썩지 않는 플라스틱으로 인해 환경오염 문제가 심각했는데, 친환경 물질로 만들어 잘 썩는 플라스틱이라니 대중이 환호하지 않을 이유가 없었다. 친환경 플라스틱을 생산하는 대니머 사이언티픽^{DNMR}은 주가가 약 10달러에서 2021년 초 64달러로 6배 뛰었다. 양산을 하고 단가가 떨어져 기업들이 상용화할 시점은 멀었는데도, 주가는 당장이라도 상용화될 듯 거세게 오른 것이다. 즉 기업의 가치보다 대중의 관심으로 주가가 올랐다고 할 수 있다. 그러다 주가는 이미 달아올랐는데 기업의 실적, 뉴스는 저조하고 현실화도 한참 뒤의 이야기이다보니 결국 주가가 하락하기 시작했다. 2021년 초 60달러 정도였던 주가는 연말이 되자 8달러 부근으로 하락했다. 7분의 1 토막이 난 것이다. 즉 역발상 투자는 여러 리스크를 감수해야 하기에 위험해 보이지만, 실상은 대중이 하는 투자가 훨씬 위험하다고 볼 수 있다.

물론 그럼에도 역발상 투자가 위험한 것은 사실이다. 예측과 다를 경우, 입게 되는 손실이 어마어마하기 때문이다. 그래서 초보자에게 적합한 투자는 아니다. 하지만 큰 수익을 안겨주는 투자이기에, 언젠가는 자기화시켜야 한다. 특히 대한민국 기업들은 경기 호황과 불황에 따라 주가가 크게 출렁이는 관계로 역발상 투자가 잘 맞다고 본다. 역발상 투자는 보통 다음과 같은 순서로 진행된다.

역발상 투자 방법

1. 소외된 업종 찾기
2. 앞으로의 성장 가능성 분석
3. 소외받은 이유 찾기
4. 문제 해결 방법, 걸리는 시간 예측
5. 투자 시 예상 수익·손실 산정
6. 분할 투자 시작

이 방법을 통해 역발상 투자를 구체적으로 어떻게 진행해야 할지는 바로 이어서 알아보자.

스마트팩토리와 로봇 분야를 주목하라

역발상 투자를 하려면, 먼저 대중의 관심이 없는 업종을 찾아야 한다. 보통 대중의 관심을 받지 못하는 데는 그만한 이유가 있다. 성장성이 전혀 보이지 않는 사양산업이거나 기업 가치가 엉망인 적자 회사들인 것이다. 이런 회사는 당연히 배제해야 한다. 우리가 찾아야 할 것은 기업의 가치는 훌륭한데 대중의 관심이 향하지 않은 기업이다.

전기차 회사 테슬라는 초창기 대중의 관심을 얻지 못했다. 전기차만 만드는 브랜드로는 규모가 가장 컸고, 선점 효과가 있었으며, 저렴한 자동차를 보급하겠다는 계획으로 규모의 경제를 실현하려고 하는 등 기업의 가치는 확실했는데도, 사람들은 자동차를 아무나 만드냐며 비아냥댔다. 완성차 업체들의 오랜 노하우가 담긴 자동차 제조 기술을 신생 회사가 어떻게 따라갈 수 있냐며, 그것도 전기차를 어떻게 만들겠냐며, 테슬라의 가치를 믿지 않았다. 그러다 2020년 테슬라의 주가가 오르자 모두가 광신도로 돌변했다. 2019년 말 기준 70달러(현 주가 기준 액면분할 전 주가)였던 테슬라 주가는 2년이 지난 2021년 1,050딜러로 15배가 올랐다. 시상 선망에 따르면 앞으로 더 오를 것이라 한다.

그렇다. 우리가 찾아야 할 것은 테슬라처럼 대중의 관심에서 소외됐지만, 기업의 가치가 확실한 곳이다. 그래서 언젠가 대중의 관심이 쏠릴 기업이다.

2021년 소외 업종을 찾다보니 로봇, 스마트팩토리가 소외주인 것이 의외였다. 코로나가 종료되고 나면 인플레로 인해 임금 상승도 커진다. 여기에 경기 호황이 오면 고용이 늘지만, 공장을 기피하는 경향으로 인해 사람을 뽑기 어려울 것이다. 또한 노동비 절감 등의 이유로 외국에 공장을 차렸다가 해운운임 급등, 물류난으로 생산 차질을 겪으면서 자국 내에 거대한 기가팩토리를 건설한 가능성이 높아졌다. 공장은 커지고 인건비가 비싸지면 자동화 공장인 스마트팩토리의 수요는 당연히 늘게 된다. 스마트팩토리는 자재 주문→생산→검수→출하까지 모두 자동으로 진행되기에 인력 수급에 대한 부담이 없다.

그런데 왜 스마트팩토리가 소외받고 있는 걸까? 대중이 아직 스마트팩토리를 보지 못했기 때문이다. 그래서 '그게 가능해?'라고 생각한다. 마치 신도시 부지를 보고 '여기가 살기 좋은 도시가 된다고? 그게 가능해?'라고 반응했던 것처럼 말이다. 신도시가 가능했듯, 스마트팩토리도 가능하다. 기다리면 주가 상승을 기대할 수 있다고 생각한다. 그 연장선상에서, 아마존의 물류 시스템과 쿠팡의 물류 시스템을 비교해보면 언젠가 쿠팡도 물류 자동화 시스템을 구축할 수밖에 없을 것이다. 그렇게 하기 위해서는 대규모 투자가 필요할 테고,

또 한 번의 적자가 예상되기에 주가는 일시적으로 하락하겠지만, 이 투자가 완료되고 난 이후에는 국내 물류 시장에서 쿠팡을 따라갈 수 있는 기업은 없을 것이라 본다.

스마트팩토리가 성장하면 필연적으로 로봇 분야도 성장하게 된다. 로봇은 산업용 로봇, 자율주행 로봇, 휴머노이드 로봇, 의료용 로봇 등으로 나눌 수 있는데, 스마트팩토리는 사람 없이 공정이 진행되다 보니 산업용 로봇, 자율주행 로봇, 인공지능 등이 핵심 기능이기 때문이다. 또한 스마트팩토리급이 아닌 일반 공장들도 인력 부족을 해결하기 위해 산업용 로봇을 크게 늘릴 가능성이 높다. 산업용 로봇은 화낙, 키엔스 등 일본 업체와 스위스에 본사를 둔 ABB, 공작기계 분야를 다루는 국내 현대위아, 디티알오토모티브(이 회사는 2022년 두산 공작기계를 인수했다), 화천기공 등을 지켜볼 필요가 있다. 자율주행 로봇 및 휴머노이드, 의료용 로봇 기업들인 로보티즈, 레인보우로보틱스, 로보스타, 에브리봇, 티로보틱스, 유진로봇 등도 관심을 기울일 만한 기업들이다.

스마트팩토리, 로봇 관련주는 현재 매출과 이익이 성장하는 모습을 보여주기 전 단계다. 재무제표에 매출과 이익이 성장하는 모습을 보여준다는 것은 이전에 계약과 수주가 있었다는 것으로, 재무제표를 보고 투자하면 늦다. 곧 계약과 수주가 임박하지 않았을까 예상되는 시점에 두려움을 안고 투자해야 역발상 투자다. 여기서 안전벨트는 아직 주가가 오르지 않았다는 사실이다. 만약 주가가 오른 상태라면, 빠른 시일 내에 계약과 수주가 나오지 않을 경우 실망감으로 주가가 다시 내려갈 가능성도 많다. 하지만 아직 주가가 오르지 않았으니, 지금 사면 손해볼 가능성이 낮아진다. 특별한 이유가 없다면 여기가 바닥일 테니 말이다.

초보자가 역발상 투자를 시도하다보면 물리는 경우가 종종 발생한다. 인기 절정이었던 기업이 최근 악재로 하락하기 시작하는 구간에서 매수한 경우다. 인기를 얻은 주식이 하락하면 바로 반등할 것 같지만, 침체기는 의외로 길어진다. 이미 많이 올랐기에 차익 실현의 욕구가 계속 이어지고, 매도세가 쉬지 않고 나오는 까닭이다. 하락을 멈추고 대중의 관심에서 충분히 사라졌을 때부터 투자를 고민해도 늦지 않다. 그사이 올라버리면 내 것이 아니라는 생각으로 놓아주는 것도 좋다. 대중에게 잊혀졌다고 바로 오르지도 않는다. 대중에게 잊힌 주식이 다시 대중의 관심을 받을 가능성이 존재할 때 사야 한다.

앞서 말했던 태양광은 1년 전(2021년 1월)만 해도 주가가 크게 오르다가 경기 침체라는 전방위적인 이유로 하락했다. 게다가 미중 무역분쟁 우려, 공급 과잉 우려가 이어지면서 계속 주가가 가라앉고 있다. '다초 뉴 에너지' 주식은 미국에 상장한 폴리실리콘 중국 기업임에도 불구하고 주가가 120달러에서 40달러로 내려앉았다. 예상대로 2022년에 유가가 오르고 경기 호황이 오면 과연 저 가격에 있을까 싶다.

만약 한때 인기를 끌었다가 대중의 관심이 사라진 주식에 투자하려고 한다면, 주의할 사항이 있다. 기업의 가치는 엉망인데 대중의 관심이 뜨거워 주가가 올랐던 경우다. 이런 주식은 절대로 사면안 된다. 대표적으로 수소 트럭 니콜라 사건이 있다. 자동차 동력도 없어서 내리막길에서 트럭을 밀어 내려가게 한 모습을 촬영해 마치시운전을 한 것처럼 홍보 영상으로 만들었던 사건이다. 이에 속아수소 트럭에 열광한 대중은 기업의 가치도 모른 채 투자를 했다. 그리고 주가가 오르자 기업은 뒷전, 돈 넣고 돈 먹기 투자가 이루어졌다. 한때 70달러를 갔던 니콜라는 몇 개월 만에 10달러 이하에서거래됐다. 이런 주식은 아무리 인기가 많았었다고 해도 피해야 한다.

부동산에서의 역발상 전략

부동산에서도 역발상 전략을 쓸 수 있다. 주로 성동격서聲東擊西 전략인데 사람들이 A라는 위치에 열광할 때 B라는 알짜 자리를 싸게사는 전략이다. 어차피 A는 이미 대중의 관심이 쏟아졌고, 그 자리를 모두가 살 수는 없다. A의 가격이 천정부지로 오르면, 상대적으로 저평가가 된 B의 진가를 알아본 사람들이 몰려와 가격을 올려준 것이다. 동탄도 그랬고, 세종도 그랬고, 미사도 그랬다.

대중은 바람잡이의 선동에 쉽게 휘둘리고, 좋지 않은 재료로 만든 요리를 아주 비싼 가격에 사들이곤 한다. 저가 재료로 비싼 요리를 만들어 판 사람은 돈을 크게 벌 것이고, 그 사람이 바람잡이일 가능성이 높다. 그래서 부동산은 반드시 본인이 직접 둘러봐야 한다. 카페나 영업사원의 말에 휘둘리면 잘못된 판단을 할 가능성이 높다. 부동산 투자는 그 지도에 대한 분석이 완벽히 이뤄지고 나서 공인중개사의 이야기를 듣거나 카페 글을 봐도 늦지 않다. 그래야 상대가 하는 말이 정보인지 사기인지 헛소리인지를 분간할 수 있다.

생활 속에서
'10배 오르는 주식' 찾는 법

전설의 투자자 피터 린치는 '생활 속 발견'이라는 투자법으로 꽤 높은 수익률을 거뒀다. 어느 휴가 때의 일이다. 세계 최대 규모의 마젤란 펀드를 13년간 운용하다보니 가족과 함께할 시간이 없었던 그는 자신의 출장길에 가족들을 데려갔다. 그러다 백화점에서 같이 쇼핑 시간을 가지게 되었는데, 이 짧은 휴식의 순간에도 그는 투자자로서의 본분을 잊지 않았다. 딸과 아내가 좋아하는 브랜드를 보면서 이를 수첩에 기록한 것이다. 가격표를 보며 사줄까 말까를 고민하거나, 요즘 애들은 이런 브랜드를 좋아하는군 하고 지나갈 법도 한데, 뼛속까지 투자자인 그는 브랜드명을 적어 직원에게 알아보라고 조사를 시켰다. 이외에도 매일 아침 직원들이 먹는 도너츠, 여행 중 맛본 브리또 등을 토대로 기업을 분석했는데, 이렇게 알아낸 기업들이 GAP,

던킨도너츠, 타코벨 등이다. 이 주식들을 매수해 투자 수익을 올린 피터 린치는 아마추어 투자자들도 집이나 직장 가까이에서 10배 오를 종목을 충분히 발견할 수 있다고 말한다.

우리의 하루 일과를 떠올려보자. 아침에 아이폰 알람을 듣고 일어나 애플워치로 심박수를 확인한 뒤, LG생활건강 샴푸와 바디워시로 씻고 LF브랜드 옷을 입고 나간다. 그리고 현대차를 몰고 스타벅스 드라이브스루로 커피 한잔을 테이크아웃한 후 출근한다. 회사에서는 최근 안면 인식으로 출입을 허가해주는데, 알체라라는 회사에서 만들었다고 한다. 오전에는 줌으로 화상회의를 하고, 점심에는 풀무원에서 운영하는 구내식당에서 밥을 먹는다. 회식이 있는 날은 차를 회사에 두고 맥쿼리인프라가 투자한 지하철 9호선을 타고 집에 돌아온다. 어떤 날은 퇴근길에 비비고 만두와 제주맥주를 사 와서, 최근에 산 삼성전자 비스포크 냉장고에 넣어두었다가 LG OLED TV로 넷플릭스를 보며 야식으로 먹기도 한다.

이렇게 우리는 매일 10개가 넘는 주식들을 만난다. 하지만 이를 눈치채지 못하고 습관처럼 소비만 한다. 내가 즐겨하는 소비일수록 그 기업을 유심히 보면 돈을 버는 투자자가 된다. 하지만 그렇지 않으면 그저 소비자로 머물 뿐이다. 예를 들어 요가가 인기를 끌면서 요가복 판매가 늘기 시작한 무렵, 룰루레몬이라는 브랜드가 급성장했다. 2018년에는 100달러 이하였던 주식이 2020년 기준 400달러가 됐다.

2022년 4월 기준으로는 379달러 정도다. 만약 요가복을 사면서 룰루레몬의 인기에 관심을 기울이고, 룰루레몬 주식을 1주라도 샀다면 요가복 구매에 지출한 비용 이상으로 돈을 벌었을 것이다.

언제 어디서나 '투자의 안테나'를 세워라

생활 속 발견 투자법의 핵심은, 어디를 가든 무엇을 보든 투자의 안테나를 세우는 것이다. 2011~2013년은 부동산 비수기였다. 전세 가격, 집값 모두 정체된 상태라 언제든지 집을 살 수 있었고, 돈을 벌 목적으로 집을 파는 사람도 없었다. 그러다 2013년부터 변화가 감지됐다. 모델하우스가 많아졌는데 모델하우스의 인테리어가 매우 예뻐서 사람들의 눈길을 끌었다. 그러면서 단순히 가구를 사는 수준이 아니라 집 전체를 뜯어 헌 집이 새집처럼 느껴지게 하는 리모델링이 인기를 끌기 시작했다. 오래된 아파트들이 늘었지만 서울 등에 신규 공급이 많지 않아 새집으로는 가지 못하는 사람들에게 리모델링은 꽤나 매력적인 선택이었다.

2014년부터 주택 공급이 늘기 시작했는데, 집들이를 가서 마주하는 새집의 아름다움은 '나도 이런 곳에 살고 싶다'는 마음을 품게 했다. 마침 이때 저렴하지만 독특한 스타일의 가구가 등장했다. 대표적으로 이케아가 있었다. 동시에 1,000만원이 넘는 프리미엄 가구 리인도 흥행하기 시작했다. 즉, 주택 공급 수와 인테리어 수요가 같이 증가하는 모습이 나타났다. 1세대 아파트들이 재건축을 해야 할 정도로 노후했고, 이제 2세대 아파트도 리모델링을 해야 할 정도로 노후하기 시작하면서다.

마침 가구 회사들이 인테리어 사업에도 뛰어들면서 매출 증가와 이익 증가라는 성장성을 보이기 시작하자 주가는 크게 올랐다. 2012년 말 대략 2만원이던 한샘 주가는 2015년 34만원까지 올라갔다. 같은 기간에 7,000원 하던 현대리바트도 7만 8,000원까지 올라갔다. 주가가 11배가 오른 것이다. 그렇다고 매출이 11배가 오른 것은 아니었다. '오랜 저평가 기간＋갑자기 찾아온 성장성＋대중의 열광', 이 3가지가 만나면 주가는 어디까지 올라갈지 알 수 없다. 그 당시 금리 인상 우려, 차이나 쇼크만 없었으면 더 올라가지 않았을까 싶다.

비슷한 사례는 또 있다. 2019년 한국 증시가 가라앉던 시기에 만년 2위인 하이트맥주가 테라라는 신제품을 출시했다. 카스의 점유율이 80%에 육박하던 시절이라 테라가 성공하기 어렵다고 봤는데, 회식자리에 가니 테라의 반응이 심상치 않았다. 테슬라(테라＋참이슬)라는 폭탄주가 유행하기도 했다. 사실 주류 시장은 점유율 변동이 잘 일어나지 않아, 잠시 인기를 끌다 말 거라는 예상이 많았는데 테라는 점유율이 계속 올랐다. 한번 자리잡은 제품이 계속 가는 모습을 보이는 시장에서, 이렇게 치고 나오는 맥주는 보기 드물었다. 여하튼 이때도 마찬가지로 누군가는 테슬라를 마시며 흠뻑 취하기만 했고, 누군가는 돈을 벌었다. 2018년 말부터 반등을 시작한 주가는 1만 5,000원부터 내달려서 1년 반 만에 4만 7,000원까지 올라갔다.

라면 시장에서도 유사한 일이 있었다. 절대 강자인 농심이 신라면 블랙을 출시했을 때, 비싼 가격 등으로 인해 고객의 반발이 심했다. 이후 만년 2위인 오뚜기가 면발 개선 작업에 성공한 것은 물론 야구선수 류현진을 광고모델로 기용하면서 추월을 시도했다. 오뚜기의 진짜장, 진짬뽕 등 프리미엄 라면까지 히트를 치면서 신라면의 아성이 흔들리던 찰나, 때마침 식품주가 코스피 주도주로 떠올랐고 그 바람을 탄 오뚜기의 주가는 10배가 올랐다. 반면 농심은 3배 정도만 상승했다. 내가 진라면을 먹으며 '오뚜기 라면이 달라졌네, 맛있군' 하고 있을 때, 누군가는 진라면을 먹으며 '오뚜기 라면이 달라졌네, 오뚜기 주식을 사야겠군' 하고 돈을 번 것이다. 무려 투자금 대비 10배에 달하는 돈을 말이다.

생활 속 발견을 이야기로 쓰자면 끝도 없을 것이다. 그만큼 많고 다양하기 때문이다. 대중의 사랑을 받기 시작하고 판매가 늘어나면, 당연히 기업의 매출과 이익이 늘고 3개월이 지나면 재무제표에 기록이 남기 시작한다. 보통 1~3월 실적은 5월 중순에 발표가 난다. 그 전에는 공식 판매량을 알 수 없지만, 해당 제품을 소비하는 사람은 이 제품의 판매가 뭔가 다르다는 사실을 몸으로 체감할 수 있다. 그럼 누구보다 먼저 저가에 주식을 살 수 있는 기회가 열린 것이다. 이런 좋은 기회를 놓치지 말자.

공기청정기와 창문형 에어컨에 주목해야 하는 이유

생활 속 발견 투자법으로 추측해볼 때, 조만간 성장할 분야는 공기청정기와 창문형 에어컨이다. 먼저 공기청정기를 보자. 코로나 이후 중국의 공장 가동률이 다소 떨어졌는지 봄에 미세먼지가 심하지 않았다. 그래서 공기청정기 회사들은 울상이었다. 하지만 코로나는 곧 끝날 것이고, 중국의 공장 가동률은 다시 올라갈 것이다. 그럼 당장 이번 봄부터 미세먼지 걱정을 해야 한다. 2년간 방심했던 사람들이 갑자기 몰리면서 주문이 크게 늘어날 수 있다. 삼성과 공기청정기 점유율 1위를 다투는 위닉스가 수혜를 보리라 예상 가능한 이유다. 게다가 미국에서 산불이 자주 나면서 산불로 인한 먼지 등으로 미국 내 공기청정기 수요가 늘고 있다. 공기청정기 공급은 안 그래도 타이트한데, 수출까지 나가야 하니 주문이 밀릴 가능성이 높다. 그럼 공기청정기 회사는 공장을 풀로 돌려도 감당이 안 된다며 즐거운 비명을 지르고, 주가는 이에 동조해 상승하게 된다.

다음으로 창문형 에어컨이 앞으로 시장성이 좋을 것이라 보는 이유는 아파트 기본이 확장형으로 되면서 발코니가 사라졌기 때문이다. 옛날 아파트는 방마다 발코니가 있어 작은방에도 벽걸이 에어컨을 달기 좋았다. 실외기를 작은방 발코니에 둘 수 있었기 때문이다. 그런데 이제는 발코니가 없어 벽걸이 에어컨을 설치하기 어렵다. 아파트 분양을 할 때 천장형 시스템 에어컨을 권유하지만, 작은방까지 설치하자면 에어컨 비용만 800만원이 넘는다. 거기에 분양 당시에는 에어컨이 신모델이었지만 2년 후 입주할 때는 구모델이 되기 때문에 가격 손실도 발생한다. 그래서 실거주를 하려고 분양받은 사람도 시스템 에어컨을 잘 하지 않으며, 투자 목적으로 산 사람들은 더더욱 하지 않는다. 그런데 작은방은 대개 부모가 끔찍이도 사랑하는 자녀들이 사용한다. 사랑하는 자녀를 더위에 시달리게 할 수 없는 부모는 어떻게든 에어컨을 설치해줄 것이다. 그러다보니 신형 아파트일수록 창문형 에어컨 수요가 늘어난다. 또 창문형 에어컨은 이사할 때 가져가기도 편해서 전세를 사는 사람들도 마음 놓고 주문할 수 있다. 2022년, 10년 만에 최대로 46만 가구가 분양한다고 한다. 창문형 에어컨 수요가 얼마나 커질지 그려지는가.

2000년은 닷컴버블이었던 관계로 음료수 회사는 완선한 소외주였다. 그러다 버블이 꺼지고 꿈 팔이를 하던 IT 기업들의 주가가 폭락하자 사람들은 가치주를 찾기 시작했다. 그래서 오른 주식이 롯데칠성이다. 당시 음료 회사는 부동산 가치가 많았는데, 주가는 그 가치를 반영하지 못한 상태였다. 여기에 생수 시장, 주류 시장에 진출한다는 성장성을 보여주기 시작한 데다가 마침 이 타이밍에 '2% 부족할 때'라는 음료가 대히트를 쳤다. 이렇게 3박자가 맞아 떨어지면서 7만원 하던 주가는 2년 안에 80만원이 됐고, 그 후 5년 뒤에는 150만원을 넘겼다. 7년 만에 20배가 올라간 것이다.

물론 20배는 고사하고 10배 수익을 안겨주는 투자를 만나기는 쉽지 않다. 하지만 평생 3번만 만나도 '10×10×10=1,000배'의 자산 증식을 안겨줄 수 있다. 1,000만원이 100억이 되는 투자법이니 인생의 3번만 만나자는 마음으로, 늘 투자의 안테나를 세우는 연습을 하면 좋겠다. 대박의 기회는 저 멀리 어딘가가 아니라, 지금 여기 당신의 곁에 있다는 사실을 잊지 말자.

다섯 번째 비밀

부자의 그릇

성공 투자를 결정짓는 7가지 생각법

돈은 '어떻게'가 아니라 '왜'가 중요하다

여름에 계곡을 가면 수영을 할 정도로 물이 많지만, 겨울에는 물이 바짝 말라 바닥을 드러낸다. 강도 마찬가지다. 여름에는 물이 철철 흐르지만 겨울에는 강물이 확연히 줄어든다. 하지만 강 하류는 사계절 내내 물이 넘친다. 그래서 인류의 역사를 보면 오래된 도시들은 대개 강 하류에 위치했다. 과거 물은 성공의 핵심으로, 물이 부족한 도시들은 성장이 멈춰 작은 도시에 머물거나 강 하류 도시에 복속되었다.

기업도 마찬가지나. 여름에는 잘 벌고 겨울에는 못 버는 계곡 같은 기업들이 있고, 불황에 간신히 견뎌내는 수준인 강 상류 같은 기업도 있으며, 호황이 오든 불황이 오든 계속 장사가 잘되며 돈이 들어오는 강 하류 같은 기업도 있다. 앞으로 오랫동안 투자에 성공하고 싶다면,

강 하류에 있는 기업에 투자해야 한다.

　계속 돈이 들어온다는 것은 고객이 끊이지 않는다는 의미인데, 고객이 끊이지 않으려면 2가지 요건이 충족되어야 한다. 기존 고객이 계속 다시 찾아야 하며, 신규 고객 유입도 지속적으로 이루어져야 하는 것이다. 이 2가지가 가능한 기업은 매출과 이익이 계속 늘어날 수밖에 없다. 대표적으로 애플이 그렇다. 한번 아이폰을 쓴 사람은 계속 아이폰을 쓴다. 또 노트북도 맥북을 쓰고, 이어폰도 에어팟을 쓴다. 지인이 계속 애플 제품만 사는 것을 보던 사람은 그만한 이유가 있을 것이라는 생각에, 스마트폰 교체 시기에 아이폰을 사본다. 그렇게 애플은 지속적으로 성장한다.

　만약 사업을 하는 사람이라면, 애플이 '어떻게' 돈을 버는지에 집중해야 할 것이다. 그래야 그 방법을 벤치마킹하거나 자신의 사업에 접목할 수 있기 때문이다. 하지만 투자를 하는 사람이라면 애플이 '왜' 돈을 버는지에 주목해야 한다. 그들이 돈을 버는 이유를 파악한 결과, 그 이유가 앞으로도 지속 가능하다고 판단되면, 그곳이 바로 좋은 투자처가 되기 때문이다.

투자의 기준이 되는 질문, '왜'

투자의 대상을 고르기 위해서는 늘 '왜'를 물어야 한다. '왜 저 기업은 잘될까?' 잘되는 이유가 일시적이라면 그 기업은 투자 대상에서 제외하고, 잘되는 이유가 지속적이라면 계속 눈여겨봐야 한다. 흔히 주식 투자를 하기 전에 기업 분석이 중요하다고 말하는데, 기업 분석이란 거창하고 어려운 것이 아니다. 잘되는 이유를 파악하는 것, 그것이 바로 기업 분석이다.

기업을 분석할 때는 관심 기업뿐 아니라 경쟁사도 함께 분석해야 한다. 애플의 아이폰이 잘나가는데, 삼성의 갤럭시도 잘나간다면 이는 스마트폰 시장이 성장하고 있기 때문이다. 즉 스마트폰 시장이 한계에 도달하면 누군가는 한쪽의 성장을 위해 희생양이 될 수밖에 없다. 그래도 잘나갈 수 있는 기업인지를 봐야 한다. 계속 잘나갈 기업이라고 판단되면 주가를 보자. 하락의 틈을 거의 주지 않고 상승하고 있을 가능성이 높다. 이런 기업은 꾸준히 사서 모아가는 전략 외에 더 좋은 투자 방법이 없다.

한편 상황이 안 좋았다가 주가가 오르기 시작하는 기업들이 있다. 그동안 돈이 모이지 않다가 투자자들의 돈이 모이는 기업도 분석해보자. 어떤 이유로 돈이 모이는 걸까? 대개는 정책이나 외교적 상황이 바뀌었을 가능성이 높다. 그럼 이제는 분석을 바탕으로 한 상상의 나래를 펼칠 차례다. 앞으로 어떤 일이 벌어질시, 그 기업은 이떻게 변할지 그려보라. 매출은 얼마나 증가할지도 상상해보라. 당신이 생각한 호재 대비 주가가 아직 덜 올랐다면 돈이 더 들어올 가능성이 있으므로, 투자해도 괜찮다. 반대로 호재보다 돈이 더 들어온 것 같다는 느낌을 받았다면 이미 늦은 것으로, 투자하지 않는 것이 좋다.

'왜'를 묻는 것을 습관으로 만들어야 한다. 가장 쉽게 식당이나 카페를 갈 때마다 '왜'를 묻는 연습을 해보자. '왜 이 가게는 잘되는 걸까? 왜 사람이 많을까?' 이유를 찾다보면, 메뉴, 인테리어, 간판, 입지, 광고 등 여러 가지가 보일 것이다. 더불어 안되는 이유를 분석하는 연습도 필요하다. '왜 이 가게는 안되는 걸까? 왜 사람이 없을까?' 이유를 찾다보면 잘되는 가게와의 차이점이 눈에 들어올 것이다. 이런 식으로 '왜'를 생활화하면, 이제 투자의 대상을 고를 때 '왜'를 토대로 그 기업을 분석하는 일이 한층 편하고 자연스러워질 것이다.

성공 투자를 결정짓는 첫 번째 생각법은, 기업의 성패에 있어 늘 '왜'를 묻는 것이라는 사실을 기억하기 바란다.

확신에 모든 것을 걸
각오가 돼 있는가

많은 이들이 분산 투자를 열정적으로 주장한다. 하지만 그건 그냥 본인도 배운 것을 말하는 경우이거나 이미 어느 정도 부가 형성되었기 때문에 하는 말이다. 분산 투자만으로 가난을 벗어나 부자가 된 사례는 많지 않다. 안타깝지만, 분산 투자 수익률로는 경제적 자유를 만들기 어렵다.

집중해야 한다. 야구에서 이기는 투수는 다양한 변화구를 던지는 투수가 아니다. 그보다는 직구랑 슬라이더 2구종으로 리그를 제패한 투수들이 더 많다. 이들은 한평생 다른 구종은 배우지 않고 직구와 슬라이더만 던졌다. 그러나 타자들은 알고도 못 쳤다. 그만큼 압도적인 구위를 자랑한 까닭이다.

투자도 마찬가지나. 집중이 필요하다. 앞서 낚싯대 전략을 이야기했지만, 어느 순간부터는 분산 투자보다 집중 투자로 승부를 봐야 한다. 내가 공부하고 분석한 결과 지금 반도체 주식이 가장 저렴하고, 앞으로 반도체 가격이 오르리라는 확신이 있다면 삼성전자와 SK하이닉스를 집중적으로 사면 된다. 만약 그렇게 하는 데 불안함을 느낀다면, 아직 확신이 덜 선 것이다. 그럼 더 공부해야 한다. 투자는 집요한 공부를 통해 확신이 섰을 때, 해야 한다.

도박의 심리 vs 투자의 심리

내가 존경하는 슈퍼개미 두 분은 집중 투자로 부자가 되었다. 집중 투자는 어느 한 종목을 집중적으로 매입하는 투자 형태인데, 이 집중 투자를 위해 반드시 선행되어야 하는 것이 있다. 바로 집중 공부다. 개인이 모든 기업의 정보를 다 알기는 당연히 불가능하지만, 한 기업만 집중적으로 파면 그 기업에 대해서는 웬만한 전문가보다 더 높은 식견을 가질 수 있다. 나는 슈퍼개미 두 분이 적은 돈으로 시작해 집중 공부-집중 투자로 한 명은 수백억대, 한 명은 천억대 부자가 되는 것을 직접 목격하면서 왜 그렇게 해야 하는지를 잘 이해했다. 그래서 나 또한 그 전략을 쓰고 있다.

나는 첫 취업을 하고 한 주식에 3,000만원을 바로 투입했다. 그리고 그다음 해에는 3,000만원을 더 넣어 한 종목만 보유했다. 그렇게 할 수 있었던 이유는, 오랜 공부를 통한 확신이었다. 분명 돈을 벌 종목이라고 확신했고, 또 배당이 있어 안전하다고 판단했기 때문이다. 첫 투자부터 큰 금액을 넣어야 투자의 무서움을 알게 된다는 생각도 있었다. 아마 어렵게 모은 종잣돈 3,000만원을 주식 하나에 다 집어넣으라고 하면 대부분 망설일 것이다. 이 돈을 잃을까봐 무서우니까 말이다. 당연히 잃으면 안 된다. 그러니까 확신이 섰을 때만 투자해야 하는 것이다.

지금은 한 종목만 들고 있지는 않다. 소수의 종목을 들고 있는데 주력은 보통 한두 종목이다. 현재 나만의 투자 원칙은 한 종목당 최소 1억원의 투자다. 1억을 투자하면 5%만 올라도 500만원의 수익이 생긴다. 생각해보자. 1억을 투자하기 위해 얼마나 공부를 하고 얼마나 분석을 했을까? 그 오랜 시간과 노력을 들였는데, 바라는 수익은 쉽게 오지 않는다. 이 주식이 30~100% 오르는 것을 꿈꾸지만 단시간 내에 그렇게 되기는 결코 쉽지 않다. 그럼에도 불구하고 버티려면, 버티는 힘을 얻으려면, 적은 수익률로도 충분한 대가를 받아야 한다. 그래서 큰돈을 투자하는 것이다.

최근에 가장 확신을 느낀 주식은 원자력 관련주였다. 10년을 바라

보는 투자인데, 2030년에는 전기차가 대중화될 것이고 그럼 지금의 정책으로는 그 전기를 감당할 수 없다는 생각이다. 거기에 스마트팩토리가 늘면서 공장도 전기를 더 잡아먹을 것이고, 가게마다 키오스크가 늘어나고, 무인 가게와 디스플레이가 증가하는 상황 등을 고려했을 때 전기는 더더욱 부족해질 것이다. 결국 원자력에 손을 댈 수밖에 없다는 판단을 했고, 원자력 수혜를 받을 확률이 가장 높은 주식을 대주주 직전 수준까지 보유했다. 결과는 나중에야 알겠지만, 이 투자는 내가 이길 수밖에 없는 투자라고 확신한다. 치밀한 공부와 분석을 통해 확신을 가졌으니까, 그러니까 투자한 것이다.

당신은 어떤지 묻고 싶다. 확신에 모든 것을 걸 각오가 돼 있는가? 또 묻고 싶다. 그렇게 확신할 만큼 정말 제대로 공부하고 연구했는가? 모든 것을 걸 확신이 선 후에야 투자했는가?

소액으로 투자하면 사람들은 굉장히 공격적으로 투자한다. 어차피 이 돈은 잃어도 된다며, 공부도 분석도 없이 무엇을 파는지 모르는 회사 주식도 덜컥 산다. 이런 심리를 단적으로 보여주는 예가 코인이다. 2030이 코인에 열광한 이유는 투자금이 적기 때문이다. 적은 돈이니까 잃어도 되는데, 수익만 나면 수익률이 어마어마하다. 이는 투자의 심리가 아니다. 도박의 심리다. 도박으로는 우연의 일회성 횡재는 가능할지 몰라도, 평생의 경제적 자유는 불가능하다. 치열한 공부, 이를 토대로 한 확신이 필요한 이유다.

우리나라 부자들 대부분이 부동산으로 돈을 번 이유에는 여러 가지가 있다. 하지만 나는 가장 큰 이유는, 부동산은 단위가 커서 자신의 인생을 걸고 투자를 하기 때문이라고 생각한다. 엄청난 돈을 투자하는 만큼, 제대로 공부하고 알아본 후에 확신을 토대로 투자하기 때문이라고 말이다.

투자에는 용기와 끈기가 모두 필요하다

확신을 토대로 한 집중 투자는 인생의 결정에서도 필요하다. 내 주변에는 대학원을 다니다가 계속 박사를 준비하는 게 맞을지 아니면 지금이라도 창업을 하는 게 좋을지 고민하는 사람들이 많다. 직장을 그만두고 사업을 시작할지를 생각하는 사람들도 많다. 실제로 식당을 차리거나 옷가게를 창업한 사람들도 있는데, 안타깝게도 대부분 망했다. 그 이유 중 하나는 친구와 함께했기 때문이다. 확신을 가진 사람은 친구와 함께하지 않는다. 동업의 결과가 대부분 좋지 않은 이유는, 서로 의지를 하기 때문이다. 누구에게도 의지하지 않고, 내 인생을 걸어 혼자서 해낼 수 있다는 확신이 있을 때만 인생의 변화를 꾀하라고 말하고 싶다.

또한 확신과 더불어 필요한 것은 용기다. 용기는 습관이다. 예전에는 과감한 시도를 잘하던 사람도, 한동안 새로운 시도를 하지 않다보면 용기가 사라진다. 용기를 기르는 방법은 꾸준한 시도밖에 없다. 주의할 사실은 앞으로 나가는 것만이 용기가 아니라는 점이다. 내 판단이 틀렸거나 상황이 잘못되고 있다는 생각이 들면 인정하고 돌아서는 용기도 필요하다. 자신이 틀렸다는 사실을 알면서도 아집을 부리며 진격을 외치는 군대는 어떻게 될까? 적군에게 진다. 그리고 목숨을 잃는다. 인생에서도 투자에서도, 살아남는 용기가 진짜 용기다. 아무리 확신을 가지고 결정하고 투자했다고 해도, 잘못됐다는 사실을 알면 철회할 수 있는 용기도 필요한 것이다.

마지막으로 끈기도 중요하다. 앞서 나는 10년을 바라보고 원자력 관련주에 투자했다고 했는데, 10년을 바라본 투자라고 해도 정작 10년을 그대로 기다리는 사람은 많지 않다. 조금 올랐을 때 여기가 고점인 건 아닐지 불안하고, 조금 떨어졌을 때 하락의 시작인 건 아닐지 두렵기 때문이다. 끈기 있게 버티려면 무관심이 답이다. 나의 경우는 주가창을 확인 안 하는 날도 많다. 10년 뒤 오를 것이라는 확신을 가지고 있으므로 지금 굳이 주가를 확인할 이유가 없는 것이다.

정리하자면 이렇다.

첫째, 집중해서 공부하라. 그 기업 혹은 그 종목에 한해서는 타의 추종을 불허할 만큼.

둘째, 확신을 토대로 집중 투자하라. 큰돈을 넣어야 큰돈을 벌 수 있다.

셋째, 끈기 있게 버텨라. 나의 확신이 현실이 되는 순간을 확인할 때까지.

투자의 핵심은
선택이다

지금은 주식 유튜버로 알려져 있지만, 내가 쓴 첫 책은 《내 월급 사용 설명서》로 이전에는 수많은 사람들의 재무설계를 해주며 신문, 잡지에 재무설계 칼럼을 쓰기도 했다. 재무설계의 핵심은 그 사람의 저축과 소비를 보고 핵심을 파악해서 정확한 처방을 해주는 것이다. 의사가 3분도 안 되는 진료 시간에 환자의 정확한 병명을 알아내고, 처방전을 써줘야 하듯이 말이다.

내가 어린 나이에도 나름 재무설계로 유명했던 이유는 관찰력이 뛰어난 편이었기 때문이다. 한번은 〈국민 영수증〉이라는 프로그램에서 자전거를 좋아해 지출이 심하다는 사연을 상담해준 적이 있다. 이때 소비내역을 보고 느낀 것은 의뢰자가 자전거에 관심이 없다는 사실이었다. 그는 그저 충동적으로 소비를 일삼고 있을 뿐이었고, 그 품목이 자전거일 뿐이었다. 또 본인이 유학을 목표로 하고 있다고 하는데, 유학을 가지 않는 편이 좋겠다고 조언했다. 그의 소비지출을 봤을 때 열등감으로 인한, 혹은 직장 스트레스로 인한 도피성 유학일 가능성이 크다고 봤기 때문이다. 그런 경우 애꿎은 시간과 돈만 날리고 한국으로 돌아오게 될 확률이 높고, 그럼 그의 자존감이 더 밑으로 내려갈 것이기에 유학을 말렸다.

촬영이 끝나고 작가가 어떻게 알았느냐며 놀라움을 표했다. 방송에 소개하진 않았지만 의뢰자 본인이 어디로 유학을 갈지 나라조차 정하지 않고 망설이고 있다는 것이었다. 소비 행태를 면밀히 관찰하면 그의 성향 등이 보인다고 하자, 작가는 그게 가능하냐며 더욱 놀라워했다.

관찰력 이야기를 꺼낸 이유는 내 자랑을 하기 위해서가 아니다. 관찰력, 특히 자기 자신을 찬찬히 관찰하고 제대로 평가하는 분석이 중요하다는 이야기를 하기 위해서다. 보통 사람들은 자신에 대해서 잘 알지 못한다. 그래서 지금 자신이 가장 원하는 것이 무엇인지도 모르고, 후회스러운 선택을 하는 사람들이 많다.

경제학이 가르쳐주는 기초는 돈을 잘 버는 법이 아니라 선택을 잘하는 법이다. 예를 들어보자. 초등학생이 배우는 첫 경제 개념으로 기회비용이 있다. '사업을 할까? 직장을 다닐까?' 고민하던 사람이 하나를 선택하게 되면 다른 하나를 포기할 수밖에 없는데, 포기한 것의 값이 바로 기회비용이다. 직장에서 연봉 4,000만원을 받고 있다면, 직장을 나와 사업을 했을 때 그 이상을 벌어야 후회하지 않는 선택이 된다. 설사 그만큼의 돈을 벌지는 못한다 하더라도 그 액수를 상쇄할 경험의 가치는 분명 더해져야 한다. 이 정도는 초등학생도 쉽게 알 수 있다. 그런데 어른이 되어서 하는 선택은 점점 난이도가 올라간다.

결혼을 하는 것과 안 하는 것, 기회비용을 고려할 때 어떤 것이 더 좋은 선택일까? 자녀를 낳는 것과 안 낳는 것, 어떤 것이 더 현명한 선택일까? 이런 선택들은 금액으로 환산해 가치를 측정할 수 없기에 더욱 어려운 법이다. 그럼 주식을 사는 것과 부동산을 사는 것 중 무엇이 더 좋은 선택일가? 이 역시 쉽지 않은 결정이지만, 적어도 7년 안에 경제적 자유를 꿈꾸는 우리라면 1분 안에 답을 낼 수 있을 정도가 되어야 한다. 지금 돈이 어디로 흐르고 있는지 면밀히 관찰하고 있었다면, 답은 분명할 것이기 때문이다.

최고는 못 가져도 최악은 피하는, 분할 기법

투자의 핵심은 선택이다. 부동산에 투자할지, 주식에 투자할지 분야를 결정해도, 선택은 계속된다. 부동산은 아파트를 할지 경매를 할지 등을 정해야 하고, 주식은 어느 종목에 할지, 또 그 종목의 어느 기업에 할지 등을 계속 택해야 한다. 그렇기에 선택하는 힘을 기르는 것은 곧 투자 역량을 키우는 일이 된다.

선택을 잘하기 위해서는 여러 가지가 필요하지만, 무엇보다 욕심을 잘 버려야 한다. 식당에서 주문을 못해 망설이는 사람은 대개 욕심이 많아서다. 이것을 먹자니 저것을 못 먹고, 다 먹자니 배가 부르기에 선택 장애가 온 것이다. 욕심이 많은 사람은 어떤 일에서든 포기를 잘 못한다. 무엇도 포기를 할 수 없어, 선택에 시간을 끌게되고 귀한 시간을 낭비하거나 타이밍을 놓치게 된다. 물론 욕심은 사람을 일하게 하고 노력하게 하는 동력이기에, 욕심이 없는 것도 성공에 문제가 된다. 그래서 내 나름대로 조절한 욕심의 기준은, 항상 욕심을 갖되 다 가지려 하지 말고 적당히만 취하자는 것이다.

예를 들어 주가가 올라서 이익이 1억이 됐는데 고점을 찍고 떨어지면서 결국 이익이 7,000만원이 됐다고 해보자. 욕심을 제어하지 못하는 사람은 다시 이익이 1억이 될 때까지 팔지 않는다. 그러다 결국 1익을 회복하면? 그래도 팔지 않는다. 더 벌기 위해서다. 하지만 대개는 이익이 7,000만원에서 계속 내려가는 경우가 많다. 그럼 1억에 팔지 못했다는 안타까움, 7,000만원이라도 벌었어야 한다는 후회에 이성적인 판단을 하지 못한다. 욕심을 버리지 못해 괴로움이 쌓이는 것이다. 그러다 나중에는 스스로 스트레스에 못 이겨 적은 이익을 취하거나 심지어 손해를 보고 파는 경우도 허다하다.

반면 적당한 욕심을 가지고 임하면 1억을 찍었다가 밑으로 내려간다고 하더라도, 적당히 이익을 보았으니 됐다는 생각으로 흐뭇하게 수익을 확정지을 수 있다. 그러면 멘탈이 유지된 상태니 또 좋은 주식을 찾아 분석을 하는 데 그 에너지를 쓴다. 적당한 욕심이 있으면 분할 매수, 분할 매도를 하는 데도 용이하다. 분할 기법의 특징은 최고의 수익률을 내지는 못하지만 최악의 타이밍은 피할 수 있다는 점이다. 적당히 수익을 취하겠다는 철학과 맞는 방법이라, 이 방법을 사용하면 최악을 면하는 투자를 하게 된다. 손실은 적고 수익은 꾸준하니 부가 쌓여나갈 수 있는 것이다.

'잘 버는 것'만큼
'잘 잃는 것'도 중요하다

질문 하나를 던지고 이야기를 시작해보려고 한다.

'경제적 자유를 누리기 위해 필요한 금액은 얼마일까?'

아마 사람에 따라 생각하는 금액이 다를 텐데, 평균을 내보면 대략 30억을 이야기하는 사람들이 많다. 요즘 로또 1등 당첨금이 10억 정도인데, 30억이라고 하면 로또 1등에 3번 당첨됐을 때 손에 쥘 수 있는 돈이다. 당연히 이 돈을 거머쥐기란 쉽지 않다. 많은 성공들이 모이고 모여야 가능한 액수다.

실패를 반길 용기, 실패를 견딜 끈기

나는 성공을 위해서는 2가지 '기'가 필요하다고 생각한다. 바로 '용기'와 '끈기'다. 앞서도 말했듯이 투자에서는 용기와 끈기가 모두 중요하다. 실패를 두려워하지 않을, 아니 오히려 반길 수 있는 용기, 그리고 실패에 좌절하지 않고 견디며 결국 이겨내는 끈기, 이 2가지가 있는 사람은 어떤 실패에도 굴하지 않고 도전해 마침내 성공을 거둘 수 있다.

사업도 그렇고 투자도 그렇고 한번에 성공하기는 어렵다. 실패와 성공을 반복하는 수밖에 없는데, 이전에 성공을 맛본 사람도 다음 도전에서 실패를 겪으면 의기소침해진다. 그렇게 주눅들면 다시 성공을 위해 도전하기가 어렵다. 그래서 성공을 하려면 실패를 잘 극복하는 것이 중요하다. 실패는 누구나 한다. 하지만 어떤 사람은 이 실패를 요긴하게 사용해 성공의 밑거름으로 만드는 반면, 어떤 사람은 '나는 역시 안 돼'라며 좌절한 채 실패의 늪에서 허우적댄다. 이러한 차이는 어디서 비롯되는 걸까?

사업이나 투자에서 실패라고 하면 보통 돈을 잃는 것을 의미한다. 이때 실패에 절망하는 사람은 자신이 잃은 것만 생각하지만, 실패를 극복하는 사람은 잃은 것 대신 얻은 것에 집중한다. 사업에 실패하더라도 그 사업의 노하우와 사람들을 얻었을 수 있다. 투자에 실패하더라도 그 이유를 분석하는 과정에서 책이나 강의로는 얻을 수 없는 산지식을 쌓았을 수 있다. 돈, 시간, 에너지를 잃었을지언정 기술, 경험, 사람을 얻었다면 실패해도 실패했다고 볼 수 없다.

나의 경우 한 강의를 만들었다가 큰 손실을 본 적이 있다. 하지만 그때 좋은 사람들을 만났고, 대중의 수요를 알았고, 제작 기술을 배웠다. 잃은 것보다 얻은 것이 더 크다고 생각했고, 그 얻은 것을 토대로 다음 강의를 기획했다. 덕분에 대중의 수요가 있을 만한 여행이라는 주제를 선택하고, 편집 기술이 좋은 영상을 확보하고, 재미를 줄 수 있는 구성을 짜게 되었고, 결국 큰 성공을 거뒀다. 전에 손실본 금액을 만회하고도 남는 수준이었다.

실패를 성공의 도구로 활용하면, 이전의 실패는 성공의 단계가 된다. 그렇기에 실패했다고 체념하지 말고 성공을 위한 수업료라고 여기는 마음가짐이 중요하다. 실패를 겪게 되었을 때, 더 큰 성공을 위한 경험이라고 생각해보자. 실패를 반겨보자. 부자들은 모두 실패를 두려워하는 대신 환영하고 즐겼던 사람들이다. 그리고 그들은 실패에도 좌절하거나 절망하는 대신 어떻게든 견디고 버티며 살아남은 사람들이다.

실패를 반기는 용기, 실패를 견디는 끈기가 필요하다고 했지만, 그렇다고 실패에 대한 준비를 하지 않아도 된다는 뜻은 아니다. 아무리 좋은 경험이라고 해도 치명적인 손실을 가져오면 안 된다. 타격을 너무 크게 받으면 재기하기 어려워지기 때문이다. 특히 투자는 더더욱 그렇다. 5억을 잃은 사람이 다시 5억을 만들기란 불가능하다고 할 수 있다. 그래서 투자를 할 때는 얼마를 벌 수 있을까뿐 아니라 만약 잘못될 경우 얼마를 잃는 투자인지도 생각해야 한다.

만약 5배 오른 주식이 있는데, 2배 더 오를 것 같다면 투자하지 않는 편이 좋다. 잘하면 2배를 벌고, 잘못되면 5분의 1 토막이 나기 때문에 유리한 투자가 아니다. 누차 강조하지만 투자는 가급적 원금을 잃지 않아야 한다. 물론 원금을 아예 안 잃을 수는 없지만, 결코 큰 손실은 입지 말아야 한다. 주식에서는 배당 수익률이 원금을 지켜주는 안전벨트 역할을 한다. 주가가 바닥이면서 성장 가능성이 높고 배당 수익률이 6% 정도 된다면 도전해볼 만하다. 주가가 떨어지면 배당 수익률은 7~8%로 증가하기 때문에 투자자가 몰려올 텐데, 그럼 주가가 떨어지기도 어렵다.

투자에서는 돈을 잘 버는 게 제일 중요하지만, 돈을 잘 잃는 것도 중요하다는 사실을 잊지 말자. 잘 실패한 사람이 크게 성공하듯, 잘 잃어본 사람이 잘 버는 법이다.

계산기를 뒤집어야 성공한다

사업가는 머릿속에 계산기가 들어 있다. 그들은 어떤 사안을 앞에 놓고 빠르게 계산기를 두드린다. 예를 들어, 프로젝트 단가를 협상하는 경우를 생각해보자. 해당 프로젝트는 보통 견적이 4,000만원이고 원가는 2,000만원 정도이다. 단 이 원가는 정확하지 않다. 프로젝트가 진행되면서 어떤 변수가 발생하느냐에 따라 금액은 1,500만원으로 줄어들 수도 있고 2,500만원으로 늘어날 수도 있다.

자, 이렇게 1차 계산이 끝난 상황. 시장의 가격에 따라 4,000만원을 받는 게 당연하지만, 상대가 흥정을 청한다면? 이때 계산할 것은 단순히 원가 대비 수익이 아니다. 상대가 계속 함께할 만한 사람인지, 이 프로젝트의 성공이 다른 프로젝트들로 이어질 수 있는지, 사람과 기회 역시 계산에 넣어야 한다. 그렇게 해서 비록 이번 프로젝트로는 이익을 취하지 못하더라도 향후 더 큰 이익이 될 수 있다고 판단된다면, 단가를 조율하면 된다. 단 예상 원가의 최대치인 2,500만원보다 낮추는 것은 안 된다. 돈을 못 벌고 사람과 기회를 얻는 것은 괜찮은 장사이지만, 그렇다고 손해를 보는 것은 금물이기 때문이다.

사업이든 장사든 프리랜서 일이든, 돈을 버는 게 기본이지만 돈만 얻어서는 성공할 수 없다. 좋은 사람을 많이 알고 좋은 기회를 잘 잡아야 성공할 수 있다. 이를 위해서는 가끔은 '계산기를 뒤집어야'

하는 것이다.

때로 사업가들은 재미있는 일, 시도해보고 싶은 일인데 돈이 되지 않을 때도 계산기를 엎는다. 내가 아는 사업가들 중 상당수가 이런 일을 했다. 처음에는 수익도 나지 않는 일을 왜 하나 싶었는데, 나중에 보니 그는 얻은 것이 훨씬 많았다. 본인이 돈에 연연하는 사람이 아니고 좋은 일을 위해서 에너지를 쏟는 사람이라는 사실을 보여주는 사례가 됐고, 이를 통해 회사의 브랜드도 올라갔다. 또한 새로운 분야를 시도해봄으로써 노하우를 얻고 관계된 사람들까지 얻었다. 기술, 경험, 업적, 이미지, 사람이라는 굉장히 소중한 것들을 얻은 것이기에 괜찮은 투자였다고 할 수 있다.

정리해보자.

첫째, 실패에 좌절하기보다 이를 성공을 위한 과정으로 받아들여야 한다. 실패를 반겨라. 하루에 한 번이라도 더 실패하라.

둘째, 실패가 필요하지만, 너무 큰 실패는 금물이다. 특히 투자에서는 되도록 원금을 지키되, 설사 잃더라도 최소한만 잃을 수 있는 방안을 마련해야 한다.

셋째, 돈을 잃는 실패를 통해 사람, 기술, 경험을 얻었다면 실패가 아니듯, 때로는 계산기를 뒤집어 돈이 되지 않는 일에 뛰어들 필요도 있다. 돈 대신 얻을 수 있는 것이 훨씬 크다면 말이다.

1+1이 3인 이유

공부머리 따로 있고, 일머리 따로 있다는 말을 많이 한다. 일머리란 흔히 일하는 노하우, 요령, 센스 등을 뜻하는데, 책을 파고드는 공부로는 배우기 어렵다. 즉 아무리 공부를 잘했던 사람이라도 일을 못할 수 있고, 또 반대로 학창 시절 성적이 안 좋았어도 사회에 나와서는 일을 잘할 수 있는 것이다. 대한민국이 세계에서 배를 가장 잘 만드는 이유는 일머리가 뛰어난 숙련공들이 현장에 있기 때문이다. 배는 설계도면을 바탕으로 현장에서 설계를 조금씩 수정하면서 조립해나가는데, 현장 작업자가 뛰어나면 설계도면을 기본으로 하되 이를 조건과 상황에 맞게 잘 바꿔가면서 배를 완성한다. 반면 작업자가 미숙하거나 일머리가 없으면 오차나 불량이 나오기 쉽다. 상황과 조건에 대한 고려 없이 오직 설계도대로만 만들기 때문이다. 일을 잘하려면 기술, 능력, 지식도 중요하지만 일머리가 반드시 필요하다.

투자도 마찬가지다. 부자가 되려면 일머리가 있어야 한다. 투자에서의 일머리는 자신에게 맞는 투자법을 찾는 감각, 센스를 뜻한다. 예를 들어 나의 경우 제약주에는 잘 투자하지 않는데, 그 이유는 투자 방법이 개인 투자자에게 불리하기 때문이다. 제약주 투자자들은 굉장히 많은 공부를 한다. 신약 개발에 대한 논문도 보고, 신약 통과 가능성이 얼마나 되는지 엄청난 자료를 보면서 분석한다. 그러느라 다른 주식을, 다른 산업들을 분석할 시간을 뺏기고 만다. 문제는 그렇게 노력한 만큼 주가가 오르는 경우가 많지 않다는 것이다. 신약은 임상 3상 통과가 나야 하는데, 우리나라 제약사 중 3상 통과는 극히 드물다. 통과에 대한 기대감으로 올랐다가도 결국 실패라는 뉴스에 주가가 하락하기 일쑤다. 즉 시간은 많이 뺏기는데 결과는 로또인 것이다.

여러분은 대부분 전업 투자자가 아니라 직장인이다. 여가 시간을 쪼개 경제를 공부하고 뉴스를 보며 투자할 종목을 찾는다. 그럼 가장 효율적으로 기업을 찾아 투자를 하고, 다시 새로운 먹거리를 찾아 공부를 해야 한다. 직장에 다니는 투자자에게 시간은 곧 생명이고, 주어진 시간을 최대한 잘 활용하는 일머리가 중요하다.

좋은 주식을 굳이 어렵게 찾기보다는 생활 주변에서 가볍게 찾기를 권한다. 지금 하고 있는 일과 관련 있는 기업을 분석하는 것은 업무에도 도움이 될뿐더러 정보도 더 쉽게, 더 많이 알아낼 수 있을 것이다. 일과 관계되지 않더라도, 괜찮다. 최근 사용하고 있는 물건, 관심을 가지고 있는 물건의 기업부터 공부해도 된다. 내가 좋아하는 제품과 이를 만드는 기업에 대해 공부하면, 아무래도 좀더 쉽고 재미있게 분석할 수 있는 법이다. 예를 들어 자동차를 사려고 고민 중이라면, 기왕 자동차들을 알아보는 김에 자동차 회사들까지 공부해보자. 디젤차를 사려고 했더니, 뉴스에서 그 회사는 디젤엔진팀을 해체하고 이제 전기모터만 연구하기로 했다고 한다. 그럼 디젤차를 사는 것이 손해라는 생각이 든다. 더불어 이제 대세가 전기차로 넘어가니, 전기차 회사에 투자하는 것이 시대의 흐름이겠다는 판단을 하게 된다.

어차피 차를 알아보는 김에 투자 공부까지 함께해본다는 생각으로 접근하는 것, 이를 꿩 먹고 알 먹는 전략 또는 '1+1=3' 전략이라고 부른다. 나의 일이나 생활과 관계된 기업에 대해 공부함으로써, 업무 지식(혹은 생활 지식)도 쌓고 투자 기업도 고르고 돈까지 버는 전략이다. 보통의 사람들은 1과 1을 더해 2를 얻지만, 부자들은 1과 1을 더해 3 이상을 얻는다.

스타트업 사업가들의 대인관계 전략

'1+1=3' 전략은 투자뿐 아니라 대인관계에도 적용된다. A와 B가 어떤 관계로 인해 만나게 되었다. 두 사람은 대화를 나누며 각자의 관심사, 종사 업종에 대한 정보를 공유하게 된다. 그리고 이들은 본인들의 모임에 C를 동석시킨다. 그러면서 대화의 주제는 A와 B의 공통 주제, B와 C의 공통 주제, C와 A의 공통 주제 등으로 더욱 다채로워지고 심오해진다. 이후 여기에 D가 들어오고, 그럼 주제는 더욱 풍성해진다.

이는 바쁜 스타트업 사업가들의 대인관계 전략이다. 이들은 바쁜 시간을 쪼개 사람을 만나는 만큼, 한 모임에 3~4명 정도가 모여 정보를 나눈다. 한 번 모임을 가지면 보통 3시간 정도 소요되는데, 그 3시간 동안 최대한 다양하고 많은 정보를 접하려고 하는 것이다. 나 역시 이런 자리를 통해 얻은 정보로 꽤나 재미있는 프로그램을 만들어 히트를 친 적이 있다.

나는 3~4개 정도의 모임이 있는데, 이 모임들을 통해 필요한 사람을 빠르게 찾은 적도 여러 번이다. 한번은 프로그램 하나를 기획 중이었는데, 모임에 가서 외국 연예인을 섭외할 방법을 몰라 고민이라고 하니 바로 다음날 연락처가 들어왔다. 또 한번은 유명한 요리 사업가와 프로그램을 같이 하고 싶다는 이야기를 모임에서 꺼냈

더니, 바로 제안서를 달라는 요청이 있어서 며칠 후 제안서를 넣기도 했다. 즉 대인관계에서의 '1+1=3' 전략은 사람도 만나고 정보도 구하며 필요한 일도 성사시켜나가는 것이다.

이런 모임들을 만들고 꾸려갈 때는 몇 가지 주의할 사실이 있다.

첫째, 모임에서 오간 대화와 조언을 잘 기억해야 한다. 그 자리에서 메모하는 모습을 보이면 서로 말을 아낄 수 있으므로, 대화에 집중하되 머릿속으로 주요 정보들을 기록하면서 자신에게 필요한 정보를 캐치해야 한다.

둘째, 받은 만큼 돌려줘야 한다. 비즈니스에서는 공짜가 없다. 나의 아이디어에 대한 피드백을 구한 만큼, 다른 사람들의 고민이나 문제를 해결하려 노력해야 한다. 나 역시 모임에서 만난 사람들의 아이디어를 증폭시켜주고, 때로는 일을 맡아 직접 해결해주기도 했다. 그랬기에 가진 것 없이, 또 어린 나이임에도 모임에 함께할 수 있었다. 주는 만큼 받을 수 있고, 받은 만큼 줘야 한다는 사업가의 마인드가 중요한 이유다.

어떤 부자가
될 것인가

부자가 되기 위한 가장 빠르고 확실한 방법은, 성공한 부자들을 만나서 배우는 것이다. 부자가 되는 방법을 부자가 되어본 적 없는 사람한테 들을 수는 없는 일이니 말이다.

주변에 성공한 부자가 없다고? 걱정하지 않아도 된다. 우리가 손쉽게 부자를 만날 수 있는 방법이 있으니 말이다. 바로 책이다. 사실 우리가 그들을 직접 만난다고 해서 책보다 더 많은 이야기를 들을 수는 없다. 책 한 권을 쓰는 데 짧게는 몇 개월에서 길게는 몇 년이 걸린다. 자신이 살아온 삶과 겪어온 일들을 정리하다보니 오랜 시간이 소요되는 것이다. 이렇게 부자의 경험과 노하우를 압축한 책을 읽는다는 것은, 그와 몇십 년간 인연을 맺으며 그의 이야기를 들어온 것과 같다.

그런데 그들은 부자일 뿐이지 작가는 아니다. 그래서 해석이 중요하다. 어떤 의도로 한 말인지, 뉘앙스를 잘 파악할 필요가 있다. 특히 머리말을 주의 깊게 읽자. 부에 대한 그들의 철학과 관점이 요약 정리된 경우가 많기 때문이다. 머리말만 잘 읽어도 그들의 생각을 이해할 수 있다.

책을 읽은 후에는 그가 배울 만한 사람인지 아닌지를 분류해야 한다. 부자라고 다 같은 부자가 아니다. 로또에 당첨돼서 부자가 된 사람도 있을 것이고, 남을 등쳐먹어서 부자가 된 사람도 있을 것이며, 반대로 남들에게 도움이 되는 사업을 해서 부자가 된 사람도 있을 것이다. 이외에도 부모님이 물려준 재산으로 부자가 된 사람, 다양한 인맥을 통해 부자가 된 사람 등 부자는 정말 다양하다. 우리는 부자가 되고 싶지, 사기꾼이 되고 싶은 것이 아니다. 그렇기에 부자에게 배우되, 배울 만한 부자를 택하는 일이 중요하다. 책을 읽고서도 잘 파악이 안 된다면, 그가 돈을 번 과정들만 다시 정리해보자. 그럼 편법으로 이익을 취한 것인지, 정도正道를 걸으면서 전략과 노하우로 부를 쌓은 것인지 보일 것이다. 이를 통해 배울 만한 부자라고 판단된다면, 어떤 점에서 그랬는지 생각을 정리해보자.

그다음으로 그의 유튜브, 신문 인터뷰 등을 찾아보는 과정이 필요하다. 최근의 이슈에 대한 그의 생각을 알기 위해서다. 그런데 만약

이 과정에서 그가 책과 다른 철학을 이야기한다는 사실을 알았다면? 그에게 배우는 일은 관두는 편이 좋다. 주장이나 원칙이 자주 바뀌는 사람은 본인조차 철학이 정립되지 않은 것이다. 자신도 철학이 없는 사람이 다른 이에게 조언하는 것을 어떻게 믿을 수 있겠는가. 여하튼 이렇게 책과 유튜브, 인터뷰로 그에게 배우는 과정이 마무리되면 이제 다른 부자로 넘어가면 된다.

부자들의 책을 읽으며 공부하는 과정에 있어 중요한 것은, '나는 어떤 부자가 되고 싶은가' 하는 생각이다. 우리는 돈이 많은 사람들을 부자라고 부른다. 그래서 우리의 1차 목표는 당연히 자산을 많이 쌓는 것이다. 그런데 다음은? 원하는 경제적 자유를 얻었다고 해서 끝이 아니다. 우리는 계속 살아가야 하고, 그러려면 어떤 부자로 살 것인지에 대한 기준 역시 준비되어 있어야 한다. 아직 자산도 별로 없는데, 벌써 그런 걸 생각할 겨를이 어디 있냐고 물을 사람이 있을지도 모르겠다. 하지만 그래서 더더욱 생각해야 한다. 내가 경제적 자유를 얻은 후, 부자로 살게 된 이후를 계속 생생히 그리고 고민하는 것만큼 지금의 공부와 투자에 확실한 동기부여는 없기 때문이다.

부자가 된 이후의 삶, 부자로서 살아가는 나의 모습을 구체적으로 그릴수록 투자에 대한 의지와 열망을 더욱 강하게 다질 수 있다는 사실을 기억하자.

'진짜 부자' vs '가짜 부자'

나는 부자가 '진짜 부자'와 '가짜 부자'로 나뉜다고 생각한다. 진짜 부자란 돈뿐 아니라 생각도 풍족한 사람이다. 돈만 많은 것이 아니라 사람도 많고, 경제적으로만 여유로운 것이 아니라 정신적으로도 여유로운 사람이 진짜 부자라고 여겼고, 나도 그런 진짜 부자가 되고 싶었다. 반면 가짜 부자는 돈만 많은 사람이다. 가진 재산은 많지만, 그 외에는 인품도 성격도 부족해 가까이해봤자 별로 도움이 안 되는 사람이다. 그들과 대화하는 시간, 그 사람의 조언을 듣는 시간 자체가 낭비일 수 있는 사람이다.

생각해보자. 당신은 어떤 부자가 되고 싶은지. 돈도 사람도 여유도 많은 진짜 부자인지, 오로지 돈밖에 없는 가짜 부자인지.

나는 그간 많은 부자들을 만나왔다. 책이나 강연에서는 한없이 선량하던 사람이 돈이 걸린 사업에서는 냉혈한이 되는 걸 보기도 했고, 방송에서의 이미지는 좋았는데 정작 그와 함께 일하는 사람들은 고개를 절레절레 흔드는 모습을 목격한 적도 있다. 물론 좋은 부자들도 많았다. 모두에게 선함을 베푸는 것은 아닐지라도 같이 일하는 사람에게만은 분명 좋은 영향력을 끼치는 사람들이었고, 무엇보다 배울 게 많은 사람들이었다.

내가 만난 진짜 부자들의 첫 번째 특성은 생각하는 힘이었다. 본질을 꿰뚫는다고도 표현할 수 있는데, 짧게 대화를 나눠도 주제의 핵심을 정확하게 짚어냈다. 또 1시간 넘게 긴 대화를 나눠도 메시지가 간결하고 일관성이 있었다. 자신의 생각을 이해하기 쉽게 잘 전달한다는 것은, 자신이 그것을 분명히 이해하고 있고 상대에게 맞춰 설명할 수 있다는 뜻이다. 그만큼 다방면에서 많은 공부를 했고, 그를 통해 생각하는 힘을 길렀다고 볼 수 있다.

반면 가짜 부자들은 대화를 조금만 해봐도 티가 난다. 그들의 화법은 나 중심이다. 오직 나의 이야기를 하고 나의 꿈을 말할 뿐, 그 대화에 당신을 넣어주지 않는다. 본질을 이해하지 못한 상태에서 본인의 지식을 자랑하거나, 상대에게 지적 위압감을 주고자 그럴싸하게 포장해 말하는 경우도 많다. 그래서 무슨 뜻인지 좀처럼 그의 말을 알아듣지 못하는 상황이 자주 발생한다. 그들은 대개 말이 장황한데, 앞의 내용과 마지막 결론이 분절돼 있다. 앞의 대화로 정신을 흩트려놓고 뒤에서 본인의 진짜 메시지를 던져 이익을 취하려고 하는 경우가 많기 때문이다. 공부 없이 요행으로 돈을 번 사람, 다른 사람들을 홀려 이익을 챙긴 사람에게서 많이 보이는 모습이다.

내가 본 진짜 부자들의 두 번째 특징은 너와 내가 같이 이익을 얻을 수 있는 제안을 한다는 것이다. 상대만 이익을 남길 수 있는 제안을 하지 않는 것은 당연한 일이지만, 진짜 부자들은 자신만 이익을 얻을 수 있는 제안도 하지 않는다. 그러면 관계의 끝이 좋지 않다는 사실을 알기 때문이다. 그들은 관계도 투자의 마인드로 접근하기에, 끝이 좋지 않을 관계는 시작도 하지 않는다. 성공한 투자자들, 사업가들을 많이 만나게 되면서 느낀 점은, 그들에게 단순한 사교모임은 없다는 것이다. 겉으로는 사교모임으로 보일지 몰라도, 안을 들여다보면 상거래 플랫폼에 가깝다. 서로가 가진 정보, 서로의 식견을 주고받는 거래를 하면서 신뢰를 다지고 우정을 쌓아간다. 계산적이라고 생각될 수도 있지만, 그만큼 모든 것을 자산화하고 언제 어디서든 투자와 거래가 생활화돼 있어야 성공할 수 있다고 이해하면 좋겠다.

어릴 때는 인맥 쌓기에 열을 올리는 경우가 많다. 하지만 시간이 지나고 나면 열심히 쌓아올린 그 인맥들이 하나씩 사라진다. 서로 거래를 하지 못하기 때문이다. 인맥이 오래가려면 물질적인 것이든 정신적인 것이든, 서로가 주고받는 무언가가 확실히 있어야 한다. 하지만 젊을 때는 그렇게 거래 가능한 무엇을 가지지 못한 경우가 많기에, 관계가 쉽게 끊어지는 것이다. 젊을수록 친구를 찾을 시간에 본인의 강점을 찾고, 실력을 키우기 바란다. 외로움을 두려워하지 말고 덤덤하게 이겨냈으면 좋겠다. 어차피 외로움은 평생 달고 살아야 할 존재다. 부자가 된다고, 사회적으로 성공한다고 사라지지 않는 것이 외로움이다.

잠시 샛길로 빠졌는데, 다시 진짜 부자와 가짜 부사의 이야기로 돌아와보자. 진짜 부자는 같이 돈을 벌 수 있는 제안을 하지만, 가짜 부자는 자신의 이익만 생각한다. 나의 투자 성공을 위해 네가 소모품이 되어달라는 말을 한다. 물론 그것을 아주 잘 포장해서 말하기 때문에 모르고 들으면 좋은 말 같지만, 가만히 진의를 파악해보면 결국은 자기 욕심만 챙기고 있음을 알 수 있다. 그래서 나는 말이 화려하거나 아름다운데 메시지의 핵심이 없는 사람, '나 중심 화법'을 구사하는 사람과는 같이 일하지 않는다. 괜히 억울하게 덤터기 쓸 일만 생길 가능성이 높기 때문이다.

마지막으로 진짜 부자들의 세 번째 특징은 언론 노출을 꺼린다는 것이다. 괜히 언론에 나와서 이득을 볼 것이 별로 없기 때문이다. 물론 진짜 괜찮은 부자들 중에도 언론에 나오는 사람들이 있긴 하다. 노출이 사업에 유리하거나, 본디 말하는 것을 좋아하거나, 남에게 도움을 주는 것에 보람을 느끼는 경우다. 하지만 그 어떤 경우든 그들의 인터뷰에서 돈은 큰 주제가 아니며, 인터뷰를 통해 금전적인 이득을 취하려는 마음은 전혀 없다.

반면 가짜 부자들은 언론 노출을 즐긴다. 언론에 노출되어야 자신이 인정받는다고 느끼기 때문이다. 특히 사기꾼들은 더 많은 대중에게 사기를 치기 위해서 단기간에 여러 곳에 노출되려고 애쓴다. 언론에 노출되는 내용도 깊은 주제 없이, 사람의 감정만 건드린다. 청춘에게 도움이 되는 조언 없이 고생했다는 격려만 하거나 본인의 성공만 자랑하고 간다. 그들의 인터뷰는 대개 돈이 주제고, 본인이 부제다.

이렇게 진짜 부자와 가짜 부자를 가르는 나름의 기준을 가지고 분류하는 습관을 들이는 것은, 사기꾼을 걸러내고 좋은 파트너를 찾는 데도 많은 도움이 된다. 나의 경우 지하철을 타고 가다가 우연히 유튜브 구독자 한 분과 인사를 나누고 가벼운 대화를 한 적이 있다. 그분이 하는 일을 알게 되었고, 그대로 지하철역에서 내려 사업장을 함께 찾아갔다. 사업장에 들어선 순간, 그분이 살아온 모습이 보였다. 믿을 수 있는 사람이겠구나 싶어 바로 일을 하나 제안했다. 사람을 보는 나름의 기준을 세웠던 덕이다.

진짜 부자, 가짜 부자에 대한 기준이 세워졌다면 자신이 생각하는 진짜 부자가 되기 위해 한 걸음씩 나아가보자. 진짜 부자는 하루아침에 만들어지지 않는다. 돈은 흉내낼 수 있어도 그 기품은 흉내낼 수 없다.

부자는 결코
초조한 법이 없다

성공의 반열에 든 사업가와 이제 막 시작한 사업가의 결정적 차이는 여유와 순발력이다. 젊은 사업가들 중에는 미팅 때 노트북뿐 아니라 녹음기까지 들고 오는 이들이 있다. 그만큼 준비가 철저하다고 생각할 수도 있지만, 논의에는 전혀 득이 되지 않는다. 사업가 간의 대화는 자유로워야 한다. 그런데 상대가 속기, 녹취를 하고 있으면 하려던 말도 들어가기 쉽다. 아직은 확정적이지 않지만 새로운 것들, 해볼 만한 것들을 편하고 자유롭게 이야기해보고 서로가 시너지를 낼 수 있는 것들에 대해 합의해가야 하는데, 그게 불가능한 것이다. 하나라도 더 얻기 위해 잔뜩 힘이 들어간 그들과의 대화는 딱딱하고 불편할 수밖에 없다.

반면 성공한 사업가들을 만나보면 모두 별다른 도구를 지니지 않는다는 사실을 알 수 있다. 비즈니스 미팅이든 회의든 그들은 맨몸으로 참석한다. 준비가 안 되어서가 아니다. 오히려 머릿속에 모든 준비가 되어 있어서다. 그들은 이 만남에서 무엇을 얻어야 할지 목표가 명확히 세워져 있기에 상대가 말하는 핵심을 단번에 파악하고, 머릿속에서 빠르게 판단하며 대화를 진행해간다. 준비해간 자료나 문서를 볼 시간에 상대에게 집중하고, 메모할 시간에 이것이 괜찮은 아이템인지 아닌지 계산하고 판단하는 것이다. 그렇기에 그들은 대화 내내 여유로울 뿐 아니라 즉시 가능, 불가능을 판단하는 순발력도 발휘한다.

운동을 해본 사람들은 알겠지만, 온몸에 힘이 들어간 상태에서는 최고의 실력이 나올 수 없다. 몸이 굳고 행동도 부자연스러울 뿐 아니라 속도도 느려진다. 특히 부담이 가는 큰 경기에서 힘이 들어가는 신인 선수들이 있는데, 대개 결과가 안 좋기 마련이다. 수영장에 처음 가면 제일 먼저 배우는 것이 힘 빼기인 이유도, 일단 힘을 빼야 몸을 자유자재로 쓰는 것이 가능하기 때문이다. 신인 선수와 달리 산전수전 다 겪은 베테랑들은 여유가 넘친다. 경기 전에 농담도 하고 장난도 치고, 준비운동도 설렁설렁 하는 듯하다. 하지만 중요한 순간에는 실수 없이 실력을 100% 발휘한다. 엄한 데 쓰지 않고 모아둔 힘을 경기의 중요 포인트 때 아낌 없이 쓰는 것이다.

부자들도 마찬가지다. 그들은 결코 초조한 법이 없다. 돈이 많아서 초조하지 않은 것이 아니다. 여유와 순발력으로 초조함을 이기고 효율적인 판단을 해왔기에 돈을 벌 수 있었던 것이다. 투자를 할 때든 사업을 할 때든 그들은 당장 돈을 벌지 못하더라도 초조해하지 않았다. 조급함이 일을 그르친다는 사실을 알기 때문이다. 대신 장기적인 안목으로 미래를 준비한다는 여유를 가지고, 당장은 돈이 되지 않지만 언젠가 분명 돈이 될 기술과 경험을 쌓고, 투자처를 골랐다. 오히려 지금 돈이 되지 않기에 경쟁자가 적어 좋은 기회라고 생각하며, 갈고닦고 기다려왔다. 그래서 큰돈을 벌었다.

기업의 경우도 다르지 않다. 적자를 내고 있음에도 시가총액이 높은 기업들이 있다. 대표적으로 로봇 기업들이다. 이들은 지금 당장 흑자를 내지 못한다고 해서 초조해하지 않는다. 앞으로 큰돈을 벌 수 있다고 확신하기에 연구와 투자에만 집중한다. 지금 푼돈이 아쉬워 로봇쇼를 하거나 청소기를 만드는 데 불필요한 에너지를 쓰는 대신, 시장을 선점하기 위해 빨리 달려나가는 데 집중하는 것이다.

그렇다. 성공 투자를 통해 경제적 자유를 꿈꾸는 우리에게 필요한 것은 여유다. 마음의 여유는 돈으로 채워지고, 돈의 여유는 다시 마음의 여유를 키운다는 사실을 기억하자.

여섯 번째 비밀
세븐의 법칙
7년 안에 경제적 자유를 만드는 7가지 법칙

돈을 벌려면,
시간부터 벌어라

우리는 7년 안에 경제적 자유를 얻는 것을 목표로 하고 있다. 앞서 이를 위한 다양한 방법을 이야기했는데, 이 중 가장 중요한 내용들을 추려보자면, 크게 7가지 법칙으로 요약할 수 있다. 7년 안에 경제적 자유를 만드는 7가지 법칙, 일명 '세븐의 법칙'이다. 앞서 조금씩 언급한 내용들이지만, 그만큼 중요한 이야기이기에 하나하나 핵심을 제대로 정리해보려고 한다.

단 1분도 허투루 쓰지 마라

세븐의 법칙, 그 첫 번째는 '시간 관리'다. 무일푼으로 시작하는 사람, 종잣돈이 많지 않은 사람이 투자 전에 필요한 것은 당연히 돈을 벌고 모으는 일이다. 그리고 돈과 함께 벌어야 할 것이 하나 더 있는데 바로 시간이다. 공부와 투자, N잡 등에 쓸 시간을 많이 확보하면 확보할수록 경제적 자유로 가는 속도를 높일 수 있기 때문이다. 시간의 중요성은 아무리 강조해도 지나치지 않다.

경제적 자유를 얻고자 노력할 때는 물론이고, 마침내 경제적 자유를 맞이한 후에도 나는 단 1분의 시간도 허투루 쓰지 않으려 했다. 1분 1초도 아껴 써야 할 만큼 절박하기도 했지만, 무엇보다 시간을 널널하게 쓰면 마음이 해이해지기 쉬운 탓이다. 10분만 스마트폰을 하면서 쉬려다가 자기도 모르게 유튜브 알고리즘에 빠져 이런저런 영상을 보게 되고, 뒤늦게 정신을 차려보니 어느덧 1~2시간이 훌쩍 흘러 있던 경험, 누구나 있을 것이다. 아차, 하는 마음에 서둘러 해야 할 일에 집중해보려고 하지만, 자극적인 영상에 흐트러진 집중력이 다시 생기기까지 굉장히 오랜 시간이 필요했던 경험 역시 누구나 있을 것이다. 시간을 낭비하게 되면 에너지와 집중력도 낭비하게 되므로, 단지 시간만 잃는 것이 아니라 여러 자원을 잃는 셈이다.

나의 투자 멘토인 워런 버핏 역시 부자가 되는 습관 중 하나로 '시간 관리'를 강조한 바 있다. "시간을 아끼는 사람이 진짜 부자"라는 것이다. 또한 그는 시간을 주체적으로 관리하는 것은 자신의 삶을 주체적으로 살아가는 방법이라고도 주장한다. 버핏은 이렇게 말했다.

"시간을 주체적으로 관리해야 한다. 거절하지 않으면 그렇게 할 수 없다. 다른 사람이 내 삶을 결정하도록 두지 마라."

그래서 나는 과거에도 지금도, 내 삶의 주인으로 시간을 주체적으로 관리하며 시간의 효율성을 극대화하기 위해 노력한다. 일례로 나는 보통 회의나 미팅 등의 일정을 2시간 단위로 잡는다. 처음에는 2시간 만에 중요한 논의를 모두 마쳐야 한다는 것이 어렵기도 하고 불편하기도 했지만, 다행히 지금은 익숙해졌다. 그리고 이것이 굉장히 효율적이라는 사실을 알게 됐다. 시간이 여유로울 때는 서론을 이야기하는 데만 30분~1시간을 썼지만, 지금은 본론부터 빠르게 이야기한다. 덕분에 서로 중요한 우선순위를 2시간 동안 집중력 있게 공유하고, 논의할 수 있게 되었다. 본론부터 시작해 짧고 굵게 회의하기 위해서는 사전 준비가 필수인데, 나의 경우 회의안을 미리 만들어 간다. 이런 이야기들을 나눠야 한다고 정리해둔 채로 대화를 진행하면, 이야기가 다른 쪽으로 새거나 쓸데없이 길어지는 일을 사전에 방지할 수 있다.

이렇게 2시간 단위로 미팅을 가질 때는 주의할 점이 하나 있다. 아무래도 실무적인 이야기만 집중해서 진행하다보니 유대관계를 쌓기 어려울 수 있는데, 대화할 때는 상대의 이야기에 온전히 몰두하며 신뢰를 쌓고 교감할 수 있는 환경을 조성해야 한다. 또한 만남 이전에 상대의 성향을 제대로 파악할 필요도 있다. 식사를 하면서 이야기를 나누는 것을 좋아하는지, 차를 마시면서 대화하는 것을 선호하는지, 회의에만 집중하는 것을 원하는지를 미리 파악해, 그에 맞는 방식을 제안하는 것이다. 같은 2시간의 미팅이더라도 상대가 원하는 환경과 조건에서 진행해야 더 좋은 성과를 낼 수 있기 때문이다.

앞서도 이야기했지만 나는 지방에 살기 때문에 서울에 올 일이 있으면 미팅이나 회의를 하루에 몰아서 하는데, 이런 2시간짜리 미팅을 보통 5개 정도 소화한다. 이동 시간이 소요되는 일정을 하루에 전부 처리한 덕분에, 남은 시간들은 유튜브도 하고, 사업도 하고, 투자 공부도 하고, 책도 쓰면서 온전히 일에만 집중할 수 있었다. 절약한 시간은 그만큼 돈을 버는 데 쓸 수 있는 것이다.

자투리 시간 활용법

에디슨은 "변명 중에서도 가장 어리석고 못난 변명은 '시간이 없어서'라는 변명"이라고 말한 바 있다. 전적으로 동의한다. 만약 당신이 '투자는 하고 싶지만 공부할 시간이 없어서' 같은 변명을 하고 있다면, 경제적 자유는 언감생심에 불과하다고 말하고 싶다. 생각해 보면 좋겠다. 정말 시간이 없는 것인지, 아니면 의지가 없는 것인지를 말이다. 시간을 버는 방법은 결코 어렵지 않다. 아주 작은 노력과 평소의 습관만으로 우리는 얼마든지 돈을 벌고 투자할 시간을 확보할 수 있다.

핵심은 자투리 시간을 활용하는 것이다. 나는 외부에 나갈 때 틈나는 대로 처리할 수 있는 일을 들고 나간다. 아무리 철저하게 계획표를 짜더라도 남는 시간이 생기기 마련인 까닭이다. 미팅이 예정보다 일찍 끝날 수도 있고, 상대가 불가피한 사정으로 약속에 늦을 수도 있다. 그런 경우 나는 노트북을 꺼내 원고를 쓰거나 때로는 세금계산서를 발행하고 회계 업무를 진행하기도 한다. 설사 노트북을 가지고 나가지 않았더라도 스마트폰으로 이런 일을 다 처리할 수 있기 때문에, 언제 어디서든 시간을 낭비하지 않는 것이 가능하다. 최근에는 코로나로 인해 화상회의나 화상강의를 하는 일이 많아졌다. 그래서 미팅과 미팅 사이에 강의 일정을 잡기도 한다.

미팅 일정이나 약속을 잡을 때 주변에 무엇이 있는지를 미리 파악하는 것도, 자투리 시간을 활용하는 데 도움이 된다. 나는 3개월에 한 번씩 등기 서류를 떼야 하는 일이 있어 서울에 있는 등기소를 가는데, 이때는 남는 시간을 활용해 능기소 근처의 서울시립미술관을 찾는다. 그럼 따로 시간을 내지 않고 미술을 정기적으로 관람하면서, 미술작품 투자에 대한 공부를 할 수 있다. 이전에 찾지 못한 새로운 지역을 가게 될 때는 미리 부동산에 연락해 방문 예약을 하고, 그 지역 시세에 대한 정보를 얻기도 한다. 미리 예약을 하지 못한 경우에는 주변을 돌면서 매물을 직접 확인하기도 한다. 그렇게 10년 넘게 쌓인 데이터는 모두 투자에 활용됐고, 앞으로도 그럴 것이다.

경험을 많이 할수록 투자할 수 있는 대상이 많아지고, 또 투자를 늘릴수록 경험을 통한 빅데이터의 가치가 올라간다. 결국 경험과 투자를 같이 늘려야 시너지가 커지는 것이다. 그리고 이것이 시간 관리가 세븐의 법칙의 첫 번째를 차지한 이유다. 경험에 쓸 시간을 많이 벌면 많이 벌수록, 경험과 투자의 시너지는 더욱 커지기 때문이다.

돈을 모으려면, 일을 모아라

누구는 부잣집에서 태어나고, 누구는 좋은 머리를 갖고 태어나며, 누구는 뛰어난 신체를 갖고 태어난다. 타고난 것이 다르기에, 같은 노력을 기울여도 결과가 다를 수밖에 없다. 세상은 불공평하다는 생각이 들고, 억울하고 분한 마음이 생길 수 있다. 하지만 그것에 분노하지 말고 그냥 인정하자. 분노한다고 해서 달라질 수 있는 것들이 아니기 때문이다. 그 분노에 쏟을 시간과 에너지는 나중에 성공을 위해 쓸 수 있도록 아껴두고, 지금은 이성적으로 접근해야 한다.

내가 경제적 자유를 얻겠다고 결심했을 무렵, 이성적으로 판단했을 때 일단은 일을 해서 돈을 모으는 것이 급선무였다. 무슨 일을 할지 결정하기에 앞서 내가 할 수 있는 일이 무엇인지를 먼저 알아야 했다. 내가 가장 잘할 수 있는 일, 그래서 가장 높은 소득을 올릴 수 있는 일이 필요했다. 그래서 나의 장단점을 분석해보기로 했다. 내가 가지지 못한 것은 잘 알고 있으니, 내가 상대적으로 평균보다 위에 있는 것을 나열해봤다.

나의 장점을 정리할 때는 정말 모든 것을 다 적는 것이 중요하다. 영어를 잘한다, 말을 잘한다, 외모가 출중하다, 운동신경이 뛰어나다 같은 주요한 요건뿐 아니라 무엇이든 맛있게 먹는다, 이야기를 잘 들어주는 편이다 등 소소한 장점도 모두 적어야 한다. 사소해 보이는 장점도 어떻게 조합하고 활용하느냐에 따라 누구도 가질 수 없는 강점이 될 수 있기 때문이다.

다음은 이 재료들을 어떻게 조합해서 최상의 요리를 만들 것인가를 고민하는 일이다. 식당을 가보면 트러플, 송이버섯, 전복 등 최고의 재료를 가지고도 맛없는 요리를 만드는 경우도 많고, 밀가루, 소금 같은 단순한 재료로 깊은 맛을 내는 경우도 있다. 좋은 재주, 장점이 많으면 유리한 것은 맞지만 그렇다고 꼭 성공하는 것은 아니다. 유튜브를 하면서 수많은 채널이 성공하고 또 망하는 것을 봤고, 사업을 하면서 다양한 창업가들이 성공하고 또 망하는 것을 목격했다. 어떤 분야든 성공하는 사람들의 공통점은 자신이 가진 강점을 잘 알고 이를 효율적으로 조합한 것이었다. 그래서 성공을 위해 가장 먼저 해야 할 일은 내가 어떤 강점들을 가졌는지를 알고, 이를 어떻게 활용할지를 결정하는 것이다.

　나의 경우 내가 가진 장점을 분석해봤을 때 젊은 나이, 튼튼한 신체, 도전정신, 능숙한 언변, 기발한 아이디어, 과제 집중도, 책임감 등이 있었다. 이것들을 조합했을 때 학원과 과외 시장에서 승산이 있겠다는 판단이 들었고, 그렇게 해서 스무 살부터 생활전선에 뛰어들었다. 평일 낮에는 대학생, 저녁에는 학원강사, 주말에는 과외강사로 지낸 적도 있다. 굉장히 힘들었겠다고 생각하겠지만 당시 나의 강점 중 하나는 튼튼한 신체였기에 버틸 만했다. 그렇게 대학생활 동안나는 학업과 병행할 수 있는 일을 찾았고, 그 일에서 벌어들인 돈을토대로 투자에 뛰어들 수 있었다. 그것이 경제적 자유로 가는 첫걸음이었다.

종잣돈용 일 vs 연금용 일

처음부터 충분한 종잣돈을 가지고 시작하는 사람이라면 모르겠지만, 무일푼인 사람, 종잣돈이 적은 사람은 돈을 모으는 과정이 필요하다. 이를 위해서는 돈이 되는 일을 모으는 과정이 병행되어야 하는데, 일이 늘어날수록 돈도 늘어나기 때문이다.

　나는 대학을 졸업하고 본격적으로 사회생활을 시작한 이후에도,

또 어느 정도 경제적 안정을 이룬 이후에도 '돈을 모으는 일'과 '일을 모으는 일'을 병행했다. 내가 그간 모아온 일을 나열해보자면 책을 쓰는 일, 프로그램을 기획하는 일, 칼럼을 쓰는 일, 유튜브 대본을 만들고 촬영하는 일, 강의를 촬영하는 일 등이다. 이 일 중에는 돈이 바로 들어오는 일도 있고, 당장 돈이 들어오지는 않지만 언젠가 돈이 될 가능성이 있는 일도 있다. 그래서 이 일들도 우선순위를 정했다.

당장 돈이 되는 일은 칼럼, 강연 같은 일인데, 무조건 나의 시간과 노동이 투여되어야 하며 멈추는 순간 추가 소득도 끊긴다. 그래서 한참 종잣돈을 모으던 초기에는 집중했지만, 어느 정도 돈을 번 후에는 여기에 큰 비중을 두지 않았다. 즉 칼럼, 강연은 '종잣돈용 일'이었다. 반면 책을 쓰는 일, 유튜브 채널을 운영하는 일은 당장 돈이 들어오지는 않지만 언젠가 돈이 될 가능성이 있었고, 잘만 하면 큰돈을 벌 수 있었다. 한번 만들고 나면 이후에 계속 돈이 들어온다는 장점도 있었다. 이 일은 '연금용 일', 즉 연금을 만드는 작업이라고 생각했고, 그래서 어느 정도 경제적 안정을 이룬 후에는 대부분의 에너지를 여기에 집중했다.

유튜브는 작가로서 기록을 남기는 의미도 있었다. 재테크 작가다 보니 재테크에 대한 소재들이 눈에 많이 들어오는데, 책으로 쓰면 이미 시의성이 사라져 매력 없는 글이 되는 경우도 많았다. 그래서 시의성이 없는 것은 책으로 작성했고, 시의성이 있는 것은 유튜브 대본으로 만들었다. 유튜브 초창기에는 그다지 돈이 되지 않았다. 그래도 원체 기억력이 오래가지 않는 편이라 생각을 정리하고 남긴다는 기분으로 유튜브를 찍었다. 그러다 구독자가 늘면서 수입이 조금씩 늘기 시작했고, 수입이 늘 때마다 직원을 늘렸다. 그래서 향후 더 큰 꿈을 꿀 수 있는 데 투자했다. 직원들은 내 유튜브 관련 일만 하지 않는다. 요리 영상, 웹드라마, 웹예능, OTT용 영상, 온라인 강의들을 제작한다. 유튜브가 잘될수록 고용을 늘리고, 거기에서 새로운 사업을 시도하면서 더 큰 열매를 맺을 수 있도록 지속적으로 투자하고 있는 것이다.

콘텐츠 제작 성공의 핵심

기왕 콘텐츠 제작 이야기가 나온 김에, 나의 제작 노하우를 공유해보려 한다. 콘텐츠 제작에 있어 성공의 핵심은 대중이 원하는 주제를 찾을 수 있는가다. 그리고 그 주제를 내가 잘 만들 수 있는가다.

민저 대중이 원하는 주제를 찾는 눈은 경험과 관심을 통해 길러진다. 나의 경우 여행을 좋아하는 편이고, 여권의 절반을 출입국 도장으로 채울 만큼 여러 곳을 다녀봤다. 물론 가열차게 일하고 돈을 모으는 데 집중할 때는 여행조차 사치로 여겼지만, 이후 어느 정도 여유가 생겼을 때는 투자 공부와 경험 축적을 위해 여행을 자주 다녔다. 여하튼 다양한 여행을 통해 여행에 대한 안목을 기를 수 있었고, 여기에 더해 여행 프로그램을 보면서 구도, 대본 흐름, 인물 설정, 콘셉트를 분석했다. 궁금한 것은 친한 여행 유튜버를 만나서 물어보기도 하면서, 1년 만에 기존과는 전혀 콘셉트가 다른 여행 프로그램 대본 2개를 완성할 수 있었다.

그해는 대본 작업에 집중하던 해였다. 여행 프로그램 대본뿐 아니라 교육 관련 대본도 많이 다뤘는데, 다문화 교육, 교육실무, 상담, 진로, 놀이, 연극 등 다양한 대본의 집필과 각색을 진행했다. 전공을 살린 덕에 대본 작업이 수월하기도 했지만, 여러 노력도 있었다. TV 프로그램을 보면서 MC의 역할, 프로그램 진행을 위한 대사, 구성 방식을 끊임없이 고민했고, 그 노력이 대본 작업에 큰 힘이 되었다. 그럼에도 이 과정이 쉽지는 않았다. 자료를 조사해 선별하고, 흐름에 맞게 적합한 대사를 넣는 것은 엄청난 스트레스를 받는 일이다. 무엇보다 마감 시간이 존재한다. 처음에는 여유 있게 시작해도 마지막에는 마감일을 맞추고자 밤을 지새우는 경우가 허다했다.

특히 판이 큰 대본일수록 부담감이 상당했다. 글을 쓰다가 갑자기 답답함이 밀려오고 어쩌지 못할 것 같은 두려움에 휩싸이기도 했다. 자료 조사를 위해 사람들이 가득찬 연극 공연장을 찾았다가 중간에 뛰쳐나온 적도 있다. 아마 공황 초기였을 것이다. 다행히 상태가 더 나빠지지는 않았는데, 두 번째 여행 대본을 쓸 때 다시 공황이 살짝 왔다. 오랜 시간 쉼 없이 달려온 몸과 마음에 탈이 났던 무렵인 것 같다. 하지만 멈출 수 없었다. 아니, 멈추고 싶지 않았다. 빠른 속도로 달리다가 갑자기 멈추면 그대로 나자빠져서 다시 일어나지 못할 가능성이 크다고 생각했기 때문이다. 아직 나는 내가 바라는 경제적 자유를 이루지 못한 시기였다. 그래서 어떻게든 해내고자 굳게 마음을 먹었고, 다행히 대본을 잘 완성할 수 있었다. 부담감과 피로, 그리고 공황마저 이기는 간절함 덕분이었다.

이 일을 마치고 휴양지에 가서 휴식을 취했다. 잠시 숨을 고를 시간은 필요하다고 판단했기 때문이다. 하지만 이때도 마냥 놀기만 하지는 않았다. 노트북을 가져가 한나절은 일을 했다. 일을 하다가 식당에 내려가 쌀국수만 한 그릇 먹어도 충분히 여행 기분을 만끽할 수 있었으니, 굉장히 효율이 좋은 여행이었다. 하루는 해변가 파라솔을 빌려서, 멍하니 바다를 보고 있는데 은행 알림이 왔다.

'저작권료 입금 1,000만원.'

그긴의 노력에 대한 대가였다. 월급받고노 한동안 이 정도의 저작권료가 입금될 것이라고 생각하니 마음이 편해졌다.

'이제 직장을 다니지 않아도 되는, 경제적 자유구나.'

하지만 이후에도 직장은 더 다녔다. 아직은 부족하다고 생각했기 때문이다. 여전히 회사를 다니면서 책, 강연, 온라인 강의를 계속했다. 그사이 투자했던 자산들의 가격이 더 올랐고, 그제야 현금 흐름, 자산 모두 완전한 경제적 자유를 이룰 수 있겠다는 판단이 섰다. 그래서 서른다섯, 마침내 경제적 자유를 선언하고 회사를 나왔다.

여기서 잠깐, 경제적 자유의 기준에 대해 생각해보자. 얼마가 있어야 경제적 자유를 누릴 수 있느냐는 질문을 많이 받는데, 그 자산으로 한 달에 얼마를 만들어낼 수 있느냐가 중요하다. 자산이 30억이라도 강남에 집 하나가 전부라면 현금 흐름이 없다. 그럼 계속 일을 해야 한다. 1억짜리 아파트에 살지만 5억으로 연 8%짜리 배당주에 투자했다면, 이 돈을 12개월로 나누었을 때 월 300만원의 현금이 들어온다고 볼 수 있다. 가지고 있는 자산을 현금 흐름으로 잘 전환시킨다면, 6억으로도 경제적 자유를 누릴 수 있는 것이다.

지금까지 이야기한 내용을 정리해보자.

첫째, 나의 장점을 아주 소소한 것까지 분석하라. 돈이 없는 우리에겐 내가 가진 모든 것이 자산이 된다.

둘째, 이 장점들을 조합해 최상의 시너지를 낼 수 있는 일들을 찾아라. 같은 시간과 노력을 들였을 때 가장 좋은 결실을 거둘 수 있는 일을 찾는 것이 중요하다.

셋째, 내가 모은 일들을 종잣돈용 일과 연금용 일로 구분해, 타이밍에 맞게 집중하는 전략이 필요하다.

이렇게 일과 돈을 함께 모아가다보면 당신의 경제적 자유는 한층 앞당겨질 것이다. 물론 쉽지 않은 일이다. 하지만 생각해보면, 누구나 꿈꾸는 경제적 자유가 누구에게나 쉬울 리 없다. 경제적 자유는 간절함과 절실함을 연료 삼아, 숱한 노력과 공부, 도전을 해나가는 소수에게만 허락되는 것이라 생각한다.

돈을 불리려면,
사람을 불러라

성공으로 가는 과정 중 가장 먼저 부딪히는 문제는, 무엇부터 시작해야 할지를 모른다는 것이다. 대부분 성공하고 싶고 부자가 되고 싶다는 생각만 있지, 구체적인 계획은 없다. 왜 성공하고 싶은지, 얼마나 벌고 싶은지, 무엇으로 벌고 싶은지, 어떻게 벌고 싶은지가 명확하지 않으면 중간에 길을 잃고 헤맬 수밖에 없다. 그럼 어떻게 해야할까?

여행과 성공의 공통점

성공으로 가는 길은 여행과 같다. 아무도 가보지 않은, 또는 소수에게 만 허락된 여행은 그만큼 값진 경험과 배움을 주지만 위험도가 높다. 에베레스트산을 오른다든가 오지를 찾는다든가 하는 일은 해외여행 을 처음 해보는 사람에겐 쉽지 않은 도전이다. 그렇기에 처음에는 여 행자들이 많이 방문해 빅데이터가 쌓여 있는 곳을 가는 편이 좋다. 치안이 좋은 지역, 숨은 맛집, 가성비 좋은 숙소, 교통수단 활용법, 환 전 노하우 등 다른 사람들이 공유하는 정보가 많은 곳을 먼저 찾으면 첫 여행을 만족스럽게 마칠 수 있다. 그리고 그런 식으로 여행의 노 하우를 쌓은 뒤, 남들이 개척하지 않은 여행지에 도전해야 예상치 못 한 문제가 발생해도 잘 대처할 수 있다.

성공도 마찬가지다. 남들이 가지 않는 길에 기회가 있다고 했지만, 처음부터 아무도 개척하지 않은 곳에 도전하는 것은 리스크가 크다. 성공을 위한 도전을 시작할 때는 많은 사람들이 시도한 분야부터 주 목해보자. 성공한 사람과 실패한 사람들의 이야기, 그 빅데이터를 토 대로 내가 어떻게 시도해서 어떻게 성공을 만들어살지를 그려가면 된다. 성공 확률이 낮지만 성공했을 시 이익도 큰 분야는 어느 정도 기반을 다진 후에 도전해도 늦지 않다.

예를 들어 지금 나는 웹드라마, 웹예능을 만드는 사업을 시작했다. 제작비만 해도 억 단위가 들어가는 프로젝트로, 집 팔아서 찍었다가 쫄딱 망하기 좋은 사업이다. 나 역시 위험부담이 크지만, 이전부터 대본 쓰는 일, 영상을 제작하는 일을 경험했고, 주변에 사람을 늘려가면서 사업 노하우를 축적해왔기에 도전을 감행했다. 기술만 축적해서는 어려운 일을 해낼 수 없다. 자본과 사람이 함께 쌓여야 한다. 지금은 이 셋을 모두 갖췄다고 판단했기에 웹드라마, 웹예능에 뛰어든 것이다. 물론 그럼에도 불구하고 성공 확률이 높지 않지만, 설사 실패해도 지금의 인생에 타격이 크지 않기에 괜찮다.

여행과 성공의 또다른 공통점은 사람의 중요성이다. 일단 여행부터 보자. 여행도 종류가 여러 가지다. 패키지 여행, 배낭 여행 등이 있고, 여행의 목적도 트레킹, 수상레저, 역사 탐방, 문화 공유 등으로 다양하다. 그래서 내가 원하는 여행을 먼저 한 사람을 찾아서, 그 노하우와 방법을 배워야 한다. 예를 들어 도보 여행을 좋아한다면, 전세계를 걸어다니며 여행한 사람의 책과 강연이 도움이 될 것이다. 어떤 신발을 신어야 하고, 가방과 짐은 어떻게 꾸리고 보관해야 하며, 위기 상황에서는 어떻게 헤쳐나가야 할지 등 나에게 알맞은 조언을 구할 수 있다.

마찬가지로 주식 투자로 성공하고 싶다면, 주식 투자에서 성공한 사람을 찾아야 한다. 그런데 주식으로 성공한 사람이라고 해도 각자의 성공 방식이 다르다. 장기 투자자와 단기 투자자가 있고, 또 스캘퍼scalper로 성공한 사람, 스윙swing으로 성공한 사람이 있다. 산업 분석, 뉴스 연구 등 투자의 방법도 제각각이다. 이 중에서 자신이 갈 분야, 취하고자 하는 방법을 먼저 시도해본 사람의 조언을 집중적으로 들어야 한다. 책, 강연, 유튜브, 신문 등을 두루 보면서 내게 맞는 적임자를 찾아보자.

그다음부터는 여행이든 사업이든 투자든 직접 몸으로 부딪히는 일만 남았다. 기존에 얻은 지식은 어디까지나 과거의 지식일 뿐, 미래의 답을 알려주지는 않는다. 생각해보자. 과거의 주식 책에는 메타버스에 투자할지 말지를 이야기하는 내용이 없다. 10년 전 재테크 책에서는 비트코인을 사야 할지 말아야 할지 알려주지 않는다. 과거의 경험은 현명한 선택을 하도록 돕는 디딤돌일 뿐, 돈이 있는 곳을 가리키는 나침반은 아니다. 그렇기 때문에 몸으로 직접 부딪히는 동시에 또다시 사람의 도움을 얻어야 한다. 메타버스에 투자하고 싶다면 메타버스 전문가를 찾아봐야 한다. 사실 우리는 이미 그들을 만나고 있다. TV, 책, 뉴스, 유튜브 등을 통해서 말이다. 전문가들을 만나다보면 해당 분야에 대한 깊이 있는 통찰을 구할 수 있다.

때로는 관련 전문가가 아닌 제3의 인물을 통해서 의외의 해답을 얻을 수도 있다. 나의 경우 메타버스 자체에 대해서 회의적으로 생각했는데, 암호화폐 전문가를 만나고 나니 왜 기업들이 메타버스를 하려고 하는시 제내로 이해됐다. 플랫폼이 곧 돈이 되는 세상이 됐기 때문에, 메타버스를 장악하고 사람들을 머물게 하면 자체 코인을 발행해서 돈을 벌 수 있다는 사실을 알게 된 것이다. 실제로 이 깨달음을 얻은 후 6개월이 지났을 무렵, 메타버스 플랫폼들은 코인과 NFT를 발행하기 시작했다. 거기에 더해 영화, 게임 관계자들을 만나면서 메타버스를 더 잘 이해할 수 있었다. 시간의 문제일 뿐, 여러 회사들이 메타버스로 뛰어들기 위해 분주히 움직이고 있다는 사실을 알게 됐다. 이는 2021년 여름에 알게 된 것들이었는데, 이후 3개월 정도 지나자 게임, 엔터, 영화, 페이 관련 회사들이 메타버스에 진출한다는 이야기가 나왔고 주가가 크게 올랐다. 이렇듯 분야를 막론하고 여러 회사들이 메타버스에 참전한다는 사실을 알게 된 후 나 또한 2021년 여름부터 메타버스를 준비했다.

이것이 세븐의 법칙 세 번째로 '돈을 불리려면, 사람을 불려라'를 이야기하는 이유다. 나는 많은 사람들을 알게 되면서 기술과 정보를 얻었고, 나 또한 그들에게 도움을 주면서 관계를 돈독히 하고 시너지를 내며 사업을 키울 수 있었다.

성공의 8할은 '사람을 잘 만나는 것'이다

주식에 투자할 때도 정말 많은 사람들을 만났고, 부동산에 투자할 때도 정말 많은 사람들을 만났다. 좋은 사람들을 만난 덕에 많은 위험과 유혹을 뿌리치고, 좋은 기회들을 잡을 수 있었던 것이라 생각한다.

주식으로 첫 성공을 거둔 것은 건설 관련주였는데, 스무 살부터 우연히 건설과 관련된 사람들로 주변이 채워졌다. 일단 스무 살에 나를 믿고 과외를 맡겨준 분이 건설 회사 사장님이었다. 단순히 학부모에 그치지 않고 때때로 밖에서 밥을 사주시며 많은 가르침을 주셨는데, 본인 건설 현장에 데려가 공사 기간, 투입비용, 완공 시 마진 등도 알려주셨다. 그러다보니 길을 걸을 때마다 건물들을 보며 얼마에 지었고, 얼마가 남을지를 가늠할 수 있었다. 그 무렵 만난 주식 스승님도 건설에 평생을 바친 분이었다. 이분은 대형 건설 위주로 해왔기에, 건설을 좀더 큰 시야로 볼 수 있도록 도와주셨다. 국내 자재 수급, 건축 허가 면적, 중국산과의 가격 경쟁, 건설 관행 등 다양한 전문 지식을 배울 수 있었다. 이런 빅데이터들이 있었기에 건설 관련주에서 큰 수익을 올릴 수 있었다고 생각한다.

이후 학원에서 일하게 되었을 때, 학원 원장이 내게 재건축 투자를 권유했다. 덕분에 2006년 재건축 시장을 맛보게 되었다. 7,000만 원에 살 수 있었던 소형 아파트가 9억이 되는 모습을 목격하면서, 아파트는 단순히 외관이 아니라 입지가 중요하다는 사실을 깨달았다. 그래서 지도를 보고 분석하는 투자법을 공부하게 되었다.

2008년 글로벌 금융위기가 왔을 때는 경매를 하려고 했다. 2005년부터 지인의 집을 종종 방문하면서 그 동네가 저평가된 지역이라는 사실을 자연스레 알았다. 그 지인이 없었다면, 해당 지역에 대한 무관심, 선입견으로 투자를 생각해보지도 않았을 것이다. 가족의 반대로 실제 투자로 이어지진 않았지만, 여하튼 그 지역은 아주 크게 올랐다. 개인적으로는 주변에서 조언을 구하고 배움을 얻더라도 결국 매수, 매도는 나 스스로 결정해야 한다는 사실을 깨달은 기회였다.

또 한동안은 원룸을 짓기 위해 여러 도시들을 돌아다니기도 했는데, 그때도 다양한 사람들을 만나면서 많은 조언들을 들었다. 그들을 통해 무작정 원룸을 지을 게 아니라 주변에 어떤 직장, 학교가 있는지를 파악해야 한다는 사실을 배웠다. 어떤 이는 따뜻하게 알려줬고, 어떤 이는 살짝 덤터기를 씌우려고 했다. 그 과정에서 가계약금을 날리기도 했지만, 그들 덕분에 사람 보는 눈을 키우게 되었으니 그 정도면 수업료로 나쁘지 않았다고 생각한다. 남을 속여먹으려는 사람들의 패턴은 뻔하다. 그중 하나는 시간이 없다고 재촉하면서 약간이라도 돈을 걸게 하는 것이다. 그러면 매몰비용이 발생한다. 100만원이 아까워서 1,000만원을 더 걸게 되고, 1,000만원이 아까워서 몇 억 잔금을 치르게 된다. 그렇게 명의를 넘기고 나면 사람이 돌변하거나 연락이 끊기고, 돈이 아까워서 질질 끌려다니다가 엄청난 손해를 보게 되는 것이다.

돈을 불리려면 사람을 불려야 한다고 했지만, 당연히 좋지 않은 사람은 피해야 한다. 나에게 사기치려는 사람도 기피대상이지만, 나의 평판을 깎아내릴 수 있는 사람도 사전에 차단해야 한다. 평판이 나빠지면 내게 필요한 사람, 내게 중요한 사람을 잃을 수 있기 때문이다. 나의 평판을 갉아먹고 종국엔 돈을 벌 기회조차 사라지게 할 사람을 알아보는 방법은 크게 2가지다.

첫째, 나에 대해서 계속 정보를 캐내는 질문을 하는 사람을 조심해야 한다. 그는 당신에게 관심이 많은 것이 아니라 당신에 대한 정보를 많이 알아내는 것을 힘이라 생각할 가능성이 높다. 당신과 친하고 얻을 것이 있을 때는 그 정보를 나쁜 데 쓰지 않지만, 상황이 틀어졌을 때는 그 힘을 활용해 당신을 망가뜨리려들 수도 있다. 나에게 관심이 많은 건지, 내 정보를 활용하려는 것인지 구분하는 방법은 그가 당신에게 또다른 사람의 정보를 전달하느냐의 유무다. 다른 이의 은밀한 정보를 당신에게 전달하면서 환심을 사려는 사람이라면, 당신의 정보 역시 그런 식으로 활용할 가능성이 높다. 우리가 가까이 돼야 할 사람은 상대의 민감한 정보에 대해서는 애초에 묻지 않고, 우연히 알게 된다고 하더라도 절대 말하지 않는 사람이다.

둘째, 좋은 것이든 나쁜 것이든 나에 대해 소문을 내는 사람을 멀리해야 한다. 대학생 때 나에 대한 이야기를 여기저기 떠들고 다니는 사람이 있었다. 처음에는 나와 관련한 좋은 이야기만 하는 것 같았지만, 나중에는 실제의 사실에서 내용 하나를 미세하게 바꿔 주변 사람들에게 이야기하고 다녔다. 그 즉시 그 사람을 멀리했다. 나중에는 어떤 식으로 나쁜 소문을 퍼뜨릴지 알 수 없었기 때문이다.

좋은 사람들을 많이 두는 것도 중요한 일이지만, 나쁜 사람을 멀리하는 것이 더 중요하다. 9번 성공해도 1번 뒤통수를 맞으면 모든 것이 허사가 되는 경우가 많다. 사람이 성공의 열쇠이지만, 내 성공을 가로채는 위험이 될 수도 있다는 점을 명심하자. 성공의 8할은 '사람을 잘 만나는 것'이다.

부동산 거래에서 나만의 전략

내 집 마련을 위해 적극적으로 알아보던 때의 일이다. 당시 TV에서는 빚 내서 집 사면 망한다는 이야기가 많이 나왔고, 사람들 사이에 집을 사면 손해를 볼 수 있다는 두려움이 커져가고 있었다. 하지만 나는 금리가 내리고 전세 가격이 바닥을 찍었다는 판단이 들었기에, 언론이나 주변 사람들의 생각에 신경쓰지 않고 경매로 내 집을 마련하고자 분주히 돌아다녔다.

　그러다 경매에 나온 한 아파트에 관심이 생겨 부동산 한 곳을 찾아 갔다. 쑥스러움도 없었는지, 커피 한잔 얻어 마시러 왔다고 말하고 자리에 앉았다. 다행히 사장님은 친절하게 응해주셨다. 그래서 내 집 마련을 하고 싶은데, 경매로 나온 아파트의 시세를 알고 싶다고 솔직하게 말했다. 임대 수익률이 좋으면 월세로 놓을 계획이라고도 밝혔다. 대략 시세가 8,300만~8,600만원 정도라는 정보를 얻고 부동산을 나선 후 나중에 한 번 더 방문을 했다. 이번에는 음료수를 사 가지고 갔다. 저번에 커피를 잘 마셔서 감사하다는 인사와 함께 음료수를 드렸더니, 사장님은 지금 나온 물건이 하나 있는데 경매 낙찰 가격보다 저렴할 거라면서 집을 보겠냐고 제안했다. 실제로 그 물건은 8,300만원에 낙찰되었는데 나는 부동산 사장님 소개로 7,800만원에 급매를 잡았다.

　부동산 거래에서 나만의 전략은 상대를 떠보지 않는 것이다. 말이 통할 것이라고 생각되는 사람이라면 얼마에 어떤 물건을 사고 싶고, 언제 살 수 있는지를 솔직히 말한다. 서로 간을 보느라 불필요한 에너지를 쓸 필요 없이, 각자가 최소한의 에너지로 빠른 거래를 할 수 있도록 하는 전략이다. 내가 군이 감추거나 꾸미지 않으니, 대개 부동산 사장님들도 솔직한 정보를 주곤 했다. 그래서 이야기가 잘 통한 사장님들과는 빠르고 많은 거래가 이뤄졌다. 서로 스트레스를 받지 않고 좋은 거래를 했으니, 이후에도 계속 좋은 물건의 추천과 빠른 거래가 이어졌다. 그런데 부동산뿐 아니라 사업도 이렇다. 말이 통하는 사람이 되고, 합리적인 물건 또는 가격을 제시하고, 서로의 에너지와 비용을 절약해줄 수 있다면 좋은 사업 파트너가 될 수 있다.

평판은 어떻게 돈이 되는가

좋은 사람을 만나려면 나의 가치가 높아져야 한다. 내 가치가 높으면 주변 사람들이 다른 사람들에게 나를 소개해줄 확률도 높아지기 때문이다. 나의 경우 20대 시절 가진 것이 없었기에 실력으로 검증을 받아야 했고, 이후 20년 가까이를 계속 검증받으면서 가치를 키우고 기회를 얻어왔다.

한번은 지인이 강연을 크게 하는데 수강생들의 연간 식비와 숙박료로 2억이 들어간다며, 그 비용을 절약하고 싶다는 연락이 왔다. 반나절 만에 적당한 위치의 땅과 조감도, 자금 전달 계획을 정리해 보여드렸다. 대개 성공한 사람들은 바쁘고 할 일이 많아서 성격이 급한데, 일을 미루지 않고 반나절 만에 완성해서 보여주니 무척 기뻐했다. 그리고 좋은 인재라며 주변에 나를 소개해줬다. 직접적인 이익을 얻은 것은 아니었지만 평판을 키운 기회였고, 그 평판은 다른 사업 파트너를 만나는 데 좋은 명함이 됐다. 세상에 똑똑하고 말 잘하는 사람은 많다. 그런데 자신이 한 말을 현실로 만들어내는 사람은 많지 않다. 그래서 '반나절 만에 뚝딱 말을 현실로 만들어냈다'는 평판은 시작점이 되어, 이후 여러 일이 들어오는 물꼬가 터질 수 있었다.

온라인 강의를 진행할 때도 마찬가지였다. 강의를 기획하고 대본을 작성하는 일은 꽤나 어려운 일이었다. 주제에 맞는 콘셉트를 짜야 했고, 어떤 내용을 구성해야 할지, 누구와 함께할지, 수강생에게 어떤 도움을 줄 수 있을지 등도 고민해야 했다. 한 온라인 강의와 관련해서는, 전국의 30개 진로 체험장을 직접 영상으로 찍어서 보여주자는 아이디어가 나왔다. 시간이 별로 없었지만 쉬는 날마다 진로 체험장을 찾아서 모두 영상으로 담았다. 그런데 영상의 흔들림이 심해 사용할 수 없었다. 실망했지만, 2가지를 얻은 기회였다. 제작사는 비록 사용할 수는 없지만, 부족한 시간에도 불구하고 영상 촬영을 완료한 나의 성실함을 높이 사서 다른 온라인 강의를 제작하는 데 도움을 줬다. 또 나는 그 영상을 그냥 버리기 아까워 유튜브에 업로드해봤는데, 그것이 유튜브라는 세상을 접하게 된 계기였다. 여담이지만, 지금도 검색해보면 장염에 걸린 상태에서 진로 체험장을 견학하고 길거리에서 국수를 먹는 내 모습을 확인할 수 있다.

이후에 얻은 온라인 강의 제작 기회는 인생의 터닝포인트라 힐 민한 계기가 됐다. 이전의 온라인 강의는 큰 인기를 끌지 못했지만, 새롭게 만든 강의가 1위를 한 것이다. 강의 판매에 따라 인세가 달라지는 구조라, 1위의 인세는 꽤나 큰 수입원이 됐다. 그리고 이렇게 1위를 해본 경험은 더 많은 기회를 얻을 수 있는 발판이 됐다. 1위 노래를 부른 가수에게 계속 곡이 들어오는 것처럼, 내게도 계속 강의 제작 의뢰가 들어온 것이다. 나는 이 기회들을 놓치지 않고 계속 1위 강의들을 만들어냈다. 그러면서 영상 대본·촬영의 노하우도 알게 됐고, 이를 바탕으로 유튜브를 시작해 지금까지 올 수 있었다. 유튜브 성공 경험은 웹드라마·웹예능 제작사 설립이라는 새로운 기회를 열게 해줬고 말이다. 다음은 어떻게 될지 모른다. 만든 프로그램이 OTT 시장에 들어갈 수도 있고 방송국으로 들어갈 수도 있다.

여하튼 우연히 온 전화를 받고 나서 생긴 '반나절 만에 뚝딱'이라는 평판은 계속 기회들과 교환이 되면서 눈덩이처럼 더 큰 기회로 돌아왔다. 이렇듯 사업을 하면서 느낀 점은 자본, 기술, 아이디어, 사람이 만나서 사업이 이뤄지는데 그중 가장 중요한 것이 사람이라는 점이다. 사람을 얻으면 기술, 아이디어가 해결된다. 자본은 기술과 아이디어가 있으면 투자를 받아 진행할 수 있기에, 나는 좋은 사람을 만나고 좋은 직원을 얻는 데 더 많은 공을 들인다. 그리고 그들은 나의 행동, 말, 생각을 보고 나에게 온 것이다. 결국 내가 잘 준비되어 있고 사람들을 진심으로 대해야, 사람을 얻는 기회도 올 수 있는 것이다.

투자의 시작은
관심이다

경제적 자유를 이루고자 노력하다보면 빠지는 함정이 하나 있다. '나'의 경제적 자유에 몰두하다보니 '남'에 대한 관심이 사라지는 것이다. 이는 굉장히 큰 문제가 될 수 있다. 남에 대한 관심 부족은 사람에 대한 관심의 결여, 나아가 세상에 대한 관심의 부재로 이어질 수 있기 때문이다. 사람을 모르고, 세상을 알지 못하면 제대로 된 투자를 할 수 없다.

세상을 읽는 눈은 곧 돈의 흐름을 이해하는 열쇠가 된다. 앞서 잠시 살펴봤던 예를 다시 한번 들어 설명해보자. 현재 전 세계는 석유 수요가 계속 늘어나고 있지만, 지구 온난화를 막기 위해 탄소 배출을 줄여야 하는 상황이다. 그래서 석유를 시추할 때 탄소 포집 기술을 적용할 수밖에 없다. 또한 석유를 증산하기가 부담스럽다보니 유가가 오르고 전기료가 올라가게 된다. 유가가 오르면 어떻게 될까? 휘발윳값이 부담되기에 전기차 구매가 늘어난다. 그럼 무슨 일이 벌어질까? 전기는 더 부족해지고 전기료는 더 올라간다. 그럼 다음은? 저렴한 전기를 공급하기 위해서 신재생 에너지, 원자력 발전을 늘리게 된다. 그런데 신재생 에너지는 바람, 날씨의 영향을 많이 받으므로 전력 공급이 일정하지 않다는 단점이 있다. 결국 천연가스 발전이나 원자력 발전을 늘려서 보조를 맞출 수밖에 없는 것이다. 어떤가? 이제 어떤 산업이 발달할지, 눈에 훤히 보이지 않는가.

자, 이제 내 눈앞에 펼쳐진 그곳, 발달할 산업과 돈이 모일 분야에 투자하면 이길 가능성이 높다. 비단 시간의 문제일 뿐, 언젠가는 반드시 돈이 될 것이다. 그래서 투자의 시작은 관심이다. 관심이 있어야만 볼 수 있고, 공부할 수 있고, 이해할 수 있다. 그리고 내가 보고 공부하고 이해한 뒤 확신을 가지고 투자한 분야에서는 실패할 가능성이 적다.

상대가 원하는 것, 세상이 원하는 것에 집중하라

관심은 투자뿐 아니라 사회생활의 성공에도 필수적인 요소다. 비즈니스 거래의 경우를 생각해보자. 서래에서 가장 중요한 기술은 상대가 원하는 바를 제시하는 것이다. 여러 사람의 견적을 받아 협상을 진행하는 경우라면, 자신이 원하는 액수를 먼저 제시해준 사람과 거래할 가능성이 높다. 굳이 가격을 흥정하느라 진을 뺄 필요도 없을뿐더러, 그만큼 본인이 원하는 것에 대해 생각하고 준비한 사람이라면 믿을 수 있다고 판단하기 때문이다.

그런데 거래처가 어떤 고민이 있는지, 최근 무슨 준비를 하고 있는지도 모른 채 회의 테이블에 앉는 사람이 많다. 한 번이라도 검색해보면 상대가 지금 무엇을 필요로 하는지 쉽게 알 수 있는데도 말이다. 그가 원하는 바를 제안하는 것, 그것이 거절하기 힘든 제안이 된다는 사실을 기억하자. 작은 관심과 약간의 노력만 있다면, 상대가 원하는 것을 파악할 수 있다는 사실도.

이처럼 상대가 거절할 수 없는 제안을 할 때 주의할 점은 상대가 원하는 바를 충족해주되, 나 역시 이익을 취할 수 있어야 한다는 것이다. 사업을 하면서 느낀 것은, 사업이란 결국 주고받는 것이라는 사실이다. 무역과도 같다. 서로가 필요한 것을 교환하고, 각자의 니즈와 이익이 충족되어야 그 가치가 배가 된다. 그렇기에 상대가 거절하기 힘든 제안을 하면서, 그 제안을 통해 나는 무엇을 얻을 수 있을지를 반드시 생각해야 한다. 금액은 다소 손해를 봤지만 추후 거래의 기회를 확보할 수 있다든지 하는 이점이 있어야 한다. 나와 상대, 모두를 만족시키는 거래를 지속해야만 사업이 빠르게 성장할 수 있기 때문이다.

또 하나 기억할 사실은, 상대가 원하는 바가 힘들고 어려운 일일수록 시간 대비 보상이 크다는 점이다. 이렇게 몇 번의 어려운 거래를 성공시킨 경험이 쌓이면 상대는 나에 대해 강력한 신뢰를 가지게 된다. 사업에서는 돈보다 신뢰를 얻는 것이 더 힘들기에, 신뢰를 많이 확보한 회사는 절대 망하지 않는다.

이 기법은 직장생활에도 적용할 수 있다. 회사에는 누구도 하기 싫어서 꺼리는 일, 하지만 회사의 성장과 발전을 위해 반드시 해야 하는 일이 있기 마련이다. 이 일을 자청해서 맡는다면? 회사의 신뢰를 받고 나의 가치를 올릴 수 있다. 회사에서 누구나 할 수 있는 일을 하면 편하게 다닐 수 있을지는 몰라도, 나의 가치를 인정받기는 어렵다. 가치를 높여 대체 불가능한 자원이 되어야 회사와 협상력이 생기는 법. 회사가 원하는 바를 파악하고 먼저 제안해보자. 이는 분명 이기는 거래가 될 것이다. 단 이때 주의할 점은 미리 조건을 말하지 않고 그 일을 맡으면 나중에 호구가 되는 경우가 많다는 것이다. 당신이 이 일을 맡는 대신 원하는 것을 분명히 말하지 않으면, 그저 착하고 성실한 직원만 될 뿐이다. 내가 말하지 않으면 아무도 알아주지 않는다는 사실을 명심하라.

좀더 큰 관점에서도 이 방식을 생각해볼 수 있다. 일대일이 아니라 일대다의 관점으로 보면, 지금 세상이 무엇을 원하는지, 내가 어떻게 해야 그 원함을 충족시킬 수 있는지를 고민해볼 수 있다. 이 과정에서 진로를 결정할 수도 있고, 필요한 공부를 할 수도 있으며, 사업의 아이디어를 얻을 수도 있다. 이렇게 세상의 흐름을 읽게 되면 투자하기도 좋아진다. 세상이 원하는 것들 간의 충돌이나 이익의 조화가 어우러지면, 특정 분야에서 시장이 열리기 때문이다.

이것을 기억하기 바란다. 돈에만 관심을 쏟아서는 돈을 벌 수 없다. 나보다 남, 돈보다 사람, 그리고 나아가 세상에 관심을 가질 때, 돈이 흐르고 모일 곳이 보인다는 사실을 잊지 말자.

투자는
배움의 연속이다

인생의 실패를 줄이는 방법은 좋은 스승을 두는 것이다. 다만 스승은 여러 명일수록 좋다. 모든 것에 완벽한 스승은 없기에, 한 명에게서 모든 것을 배울 수는 없는 까닭이다. 사업의 지혜를 알려주는 사람, 투자의 지혜를 가르쳐주는 사람, 전문 지식을 전수해주는 사람, 인생의 노하우를 조언해주는 사람 등 다양한 사람을 곁에 둘 필요가 있다.

재테크도 마찬가지다. 돈을 모으고 관리하는 분야를 잘 알려줄 사람, 주식에 대한 노하우를 전수해줄 사람, 부동산 전략을 가르쳐줄 사람, 사업의 길을 제시해줄 사람 등 다양한 스승이 필요하다. 스승은 나에게 가르침을 줄 수 있는 사람을 뜻한다. 나이가 적고 많고는 아무런 상관이 없다. 나보다 어려노 좋은 동찰과 지식을 가지고 있다면, 스승으로 삼을 수 있는 자세가 필요하다.

스승이 사람일 필요도 없다고 본다. 나에게 통찰을 줄 수 있는 대상이라면 모두 스승이다. 한번은 아프리카 초원에서 얼룩말들이 강을 건너는 모습을 본 적이 있다. 악어가 있을까봐 무리들이 머뭇거리는 와중에 용기 있는 몇 마리가 먼저 강으로 뛰어들자, 이어서 무리들이 다 같이 뛰어들었다. 이 모습만 봤을 때는 시도를 위해서는 용기가 중요하다고 생각했다. 그런데 숨어 있던 악어들이 먼저 건너는 얼룩말을 잡아 익사시켰다. 제대로 확인하지 않고 뛰어드는 것은 용기가 아니라 무모함이라는 사실을 배웠다. 사업이나 투자도 확실한 정보 확인 없이 시도하면 실패할 수 있음을 다시금 깨달은 기회였다.

이렇게 스승은 사람이 아닌 동물일 수도 있으며, 때론 영화나 미술 작품이 될 수도 있다. 결국 스승의 존재보다는 어디서든 무엇이든 배우려는 자세가 더 중요한 것이다. 사실 사람이 스승인 경우는 큰 위험을 내포하는 면이 없지 않다. 스승의 가르침에 너무 심취하면, 인생의 방향도 그 사람에게 맞추려고 하는 경우가 발생하기 때문이다. 그럼 나의 인생이 사라진다. 내가 가야 할 등대는 저기 있는데, 스승을 따라 엄한 등대로 향할 수는 없는 노릇이다. 그래서 여러 스승을 두기를 권하는 것이다. 그래야 스승들의 지혜와 통찰을 토대로 내게 맞는 길을 갈 수 있다. 내 인생이 등대를 향해 가는 배라고 한다면, 각각의 스승은 각자의 등대를 향해 가는 배다. 서로 어느 지점에서는 같은 방향을 향할 수 있지만, 각자의 삶이 다르고 목표가 다르기에 영원히 같이 갈 수는 없다. 스승과 같이 가되, 언제든 따로 갈 준비가 필요한 것이다.

당신에게는 재테크 스승이 있는가

사회 초년생일 때는 돈을 모으고 관리하는 법을 알려줄 스승이 가장 필요하다. 한 달에 얼마를 저축할지, 어떻게 절약을 하는지 알려주는 노하우가 가장 값진 시기다. 하지만 어느 정도 돈이 모이고 나이가 들었다면, 다음 단계의 스승이 필요하다. 유치원을 마치면 초등학교를 가고, 초등학교를 졸업하면 중학교를 가듯, 나의 재테크 수준과 단계에 맞는 스승과 배움을 구해야 한다.

주식, 부동산 스승은 꽤 오랜 시간을 함께하는 스승이다. 주식과 부동산은 종잣돈을 모은 후 은퇴를 하고 삶을 마칠 때까지 할 수 있는 투자이기 때문이다. 그래서 주식과 부동산 스승의 경우, 장기간 꾸준히 수익을 낼 수 있는 방법을 알려주는 사람을 만나야 한다. 최근의 트렌드 기법으로 투자하면 당장 돈을 많이 벌 수 있을 것 같지만, 기법의 유행은 오래가지 않는다. 재테크 책 저자 중에서 기술적인 접근을 한 이들은 대부분 10년 뒤에 다시 책을 내지 못한다. 각각 이유는 다르겠지만 여하튼 수명이 짧은 것인데, 왜일까. 기술적 접근으로는 오랫동안 수익을 올릴 수 없는 탓임이 분명하다.

장기 투자를 통해 자산을 불리는 과정에서 필요한 또다른 스승이 있다. 바로 심리를 컨트롤해줄 스승이다. 우리는 보통 각 분야의 스승을 가지고 있다. 직장에 좋은 상사, 좋은 동료가 있다면 곧 좋은 스승을 가진 것이다. 가정에서 좋은 아빠, 엄마로 역할을 다할 수 있도록 격려와 노하우를 주는 지인이 있다면 역시 좋은 스승을 가진 것이다. 그런데 대부분의 사람들이 심리에서는 스승을 가지지 못한 경우가 많다. 외로울 때, 기쁠 때, 슬플 때 함께하는 사람들은 많지만, 내가 욕심을 부리거나 공포를 느낄 때 위로를 넘어 조언과 해결책을 제시해주는 사람은 많지 않다. 재테크에서도 정보를 주는 스승은 많아도 심리까지 다스려주는 스승은 별로 없다. 배우는 사람들 역시 지식과 정보, 노하우만 얻으려는 경향이 크다. 투자에 실패하는 대부분의 이유가 심리에서 발생함에도 불구하고 말이다. 공포장에서 욕심을 내는 용기, 과열된 장에서 절제를 할 수 있는 강단이야말로 투자 성공의 핵심인데도 말이다.

누차 강조하지만 투자는 결국 심리전이다. 얼룩말의 이야기를 좀더 해보자. 얼룩말들은 늘 무리를 지어 다닌다. 혼자 있다가 사자 같은 맹수를 만나면 살아남을 확률이 매우 낮지만, 무리로 있을 경우에는 살아남을 확률이 99%로 올라간다. 사자 떼는 얼룩말 무리 중 도망치다 넘어진 한 마리를 집중 공격하기 때문이다. 인간도 맹수를 피해 무리생활을 하며 생존을 했다. 무리보다 먼저 나가는 것도 낙오되는 것도 생존에 도움이 되지 않는 행동이기에, 평균에 수렴하려는 본능이 내재되었다. 그래서 남들과 비슷한 옷을 입고, 유행하는 영화를 같이 보는 것에 편안함을 느낀다.

투자도 마찬가지다. 일례로 많은 사람들이 요즘 유행하는 것을 묻지도 따지지도 않고 따라 사는 현상을 들 수 있다. 남들이 많이 사는 것을 사야 불안함이 적기에 무조건 유행을 따르는 것이다. 게다가 남들이 어떤 것을 사서 돈을 벌었는데, 나만 돈을 못 벌면 돈을 잃은 것도 아닌데 불안해하는 심리도 있다. 반대로 다 같이 돈을 잃으면 덜 억울해하기도 하는데, 남들도 잃었으니 나만 낙오된 것은 아니라는 위안을 느끼는 것이다. 이렇게 심리에 휘둘리면 나만의 투자 철학과 원칙을 고수하기 힘들어진다. 당연히 돈을 벌기도 어려워진다. 그러니 투자를 배울 때는 심리를 다스리는 법을 알려줄 스승도 반드시 찾기 바란다.

좋은 스승은 가까이 있다

마지막으로 언제 재테크를 끝내야 할지 가르쳐주는 스승도 필요하다. 재테크는 누가 더 높은 수익률을 내느냐의 싸움이 아니다. 재테크란, 내가 일해서 모은 돈을 잘 지키고 꾸준히 늘려가는 것이다. 그리고 노후까지 윤택한 삶을 살 수 있는 돈이 모였다면 재테크는 졸업하는 것이다. 자녀, 손주들까지 잘살게 해주고 싶어서 더 모으려고 무리하는 것은 과욕일 뿐이다. 자녀에게 돈을 주는 것보다 삶의 지혜와 올바른 인성, 그리고 돈을 벌고 모으는 방법을 알려주는 것이 더 중요하다. 유대인들의 교육법이 물고기를 잡아주기보다 물고기를 잡는 법을 알려주는 것이라고 하지 않는가. 나의 외조부는 자수성가한 부자임에도 자녀들에게 재산을 일절 주지 않았다. 대신 돈의 중요성, 풍성하게 살아가는 삶의 지혜를 알려주었다. 덕분에 지혜가 있으면 돈을 만들 수 있고, 지혜가 없으면 있는 돈도 다 까먹을 수 있다는 사실을 일찍이 배울 수 있었다.

나는 재테크는 내 인생의 한 부분일 뿐이라고 생각한다. 한때는 경제적 자유가 삶의 목표였지만, 사실 이는 돈 걱정 없는 삶, 물질적으로나 정신적으로나 행복하고 풍요로운 삶으로 가는 단계에서의 목표였을 뿐, 경제적 자유 자체가 내 인생의 최종 목표는 아니었다. 그래서 지금은 재테크보다 내가 가치 있게 여기는 일과 새로운 도전,

사업에 몰두하고 있다. 어쩌면 외조부가 자손들에게 물려주고 싶었던 재산은 바로 이런 삶의 태도와 가치가 아니었을까.

내가 외조부를 통해 부자가 될 수 있는 지혜를 배웠듯이, 사실 좋은 스승은 멀리 있지 않다. 내 주변에 항상 스쳐 지나가고 있는데, 내가 모를 뿐이다. 스승을 찾고자 하는 의지만 있다면, 아주 쉽게 찾을 수 있다. 나 역시 좋은 스승을 모두 우연히 찾았다. 블로그를 보다가 인사이트가 풍부한 글을 읽고 그분의 글을 계속 찾다보니 만나게 된 분이 주식 스승이고, 친구가 데려간 강연에서 만난 슈퍼개미가 큰 철학을 남겨준 스승이다. 어느 날 서점에서 읽어본 책에서 가치 투자의 거장을 만나 내 투자의 모토를 세우기도 했고, 예술·문화·트렌드를 짚어주며 사업에서 성공할 수 있도록 지혜를 준 스승도 우연히 만났다. 우연이 인연이 되었다고 하나, 결국 내가 간절히 스승을 바랐기에 그들이 스승임을 알아봤고 배웠던 것이라 생각한다.

투자는 배움의 연속이다. 세상은 늘 변하고 돈의 흐름도 변하기에, 계속 배우고 공부하는 사람만이 성공 투자를 이어갈 수 있다. 혼자서 모두 해낼 수 있다는 것은 오만이고 자만일 뿐이다. 늘 배우고 익히려는 겸손한 자세가 오래가는 성공 투자의 핵심임을 기억하기 바란다.

경험도
투자가 필요하다

많은 사람들이 꿈꾸는 직장은 대개 2가지다. 높은 연봉을 주는 회사이거나, 연봉은 많지 않더라도 내 꿈을 펼칠 수 있는 회사. 하지만 이런 회사를 처음부터 만나기란 쉽지 않은 일이다. 그래도 괜찮다. 청춘의 장점은 실패해도 다시 도전할 수 있는 기회가 있다는 것이고, 직장 역시 몇 번은 바꿀 기회가 있으니 말이다. 공무원이 아닌 이상 한직장을 평생 다니는 시대는 이제 지났다고 본다. 공무원 또한 안정적인 고용과 연금을 박차고 나와 새로운 도전을 하는 시대이지 않은가.

이직을 비행기 환승이라고 생각하면 어떨까 싶다. 한국에서 칠레로 가는 비행기는 직항이 없다. 그래서 먼저 비행기를 타고 LA에 간후, 거기서 남미로 가는 비행기로 갈아타야 한다. 칠레를 목표로 하는 사람은 원하든 원하지 않든 반드시 한 번은 비행기를 환승해야 하는 것이다. 우리가 원하는 직장을 만나기 위해서도 대개는 몇 번의 환승이 필요하다. 첫 직장에서 내 꿈과 목표를 이룰 수 있다면 더할 나위 없이 좋겠지만, 설사 그렇지 못하더라도 좌절할 필요가 없는 것이다.

얼마 전 강의에서 만난 수강생은 돈을 많이 벌고 싶은데, 자신이 갈 수 있는 기업들은 다들 연봉이 높지 않아 고민이라고 했다. 나는 지금은 돈이 아니라 능력을 벌 때라고 답했다. 첫 월급부터 대박을 칠 수 있는 사람은 많지 않다. 남들이 꺼리는 일, 월급이 적은 일이라 하더라도 내 성공을 위해 좋은 스펙이 될 수 있는 일이라면 충분히 시도해볼 만하다. 나의 가치를 키워야 내가 받을 수 있는 돈도 많아지는 것은 너무도 당연한 이치다. 지금의 투자로 10년 뒤 월 1,000만 원을 벌 수도 있는데, 당장 월급 몇십 만원이 적다고 그 경험에 투자하지 않으면, 그것은 정녕 어리석은 판단이 아닐까.

사회 초년생이 당장 돈을 많이 주거나 자기 꿈을 실현할 직장을 만날 확률은 낮다. 일단 돈을 많이 주는 회사는 그만큼 나에게 바라는 것이 있다. 아직 그 징도의 자격과 능력을 갖추지 못했나면, 면서 경험과 실력을 키울 수 있는 직장이 필요하다. 비록 월급이 적더라도 충분한 경험과 배움이 가능한 회사라면, LA행 비행기와 같은 직장이라고 할 수 있다. 회사에 필요한 인재가 될 때까지 몇 년의 시간이 필요한데, 회사는 월급을 주면서 필요한 인재로 길러낸다. 반대로 말하면 우리는 돈을 받으면서 능력 있는 사람으로 성장해간다는 뜻이다.

물론 회사는 학교가 아니다. 월급과 배움, 경험을 제공하는 대신 그만큼의 성장과 성과를 바란다. 그러니 최종 목적지를 가기 위한 중간 단계의 직장이라고 여기더라도, 대충 일하는 것은 금물이다. 이곳이 진짜 바라는 직장이 아니라고 최선을 다하지 않으면, 진짜 바라는 직장에 가게 될 일은 결코 생기지 않는다는 사실을 명심하기 바란다. 운동선수가 유망주일 때는 성적에 상관없이 높은 연봉을 주면서 경험을 쌓게 한다. 현재보다 미래에 대한 투자다. 그리고 몇 년이 지나면 이제 실력으로 보상할 것을 요구한다. 이때 실력을 보여주지 못하면 구단은 투자비용을 손실로 처리하고, 선수를 방출시킨다. 직장인이라고 별반 다르지 않다. 몇 년이 지나도 성과를 내지 못하면, 회사는 투자를 멈춘다. 그러면 더 좋은 회사로의 이직은커녕 승진이나 연봉 인상 같은 것도 불가능해진다.

회사에서 유망주인 시기는 종잣돈을 모으는 시기와도 겹친다. 회사에서 능력을 인정받지 못한 상태로 재테크에만 몰두하면, 앞으로 들어올 현금 흐름이 무너지는 상황을 초래할 수 있다. 반대로 회사에서 능력을 인정받으면 재테크 공부가 다소 부족했더라도 현금 흐름은 계속 늘어날 수 있기에, 투자에서의 부족한 부분을 만회

할 기회는 얼마든지 있다. 이것이 우리가 경제적 자유를 위해 경험에 투자해야 하는 이유다. 투자 경험을 쌓는 것도 중요하지만, 업무 경험을 잘 쌓아 업계의 인재로 인정받는 것 역시 아주 중요하다. 그것이 탄탄한 현금 흐름을 확보하는 대표적인 길이기 때문이다.

이제 어느 정도의 시간이 지나고 회사가 바라는 인재가 되었을 때, 마침내 능력을 인정받는 순간이 오면 갈림길이 나온다. 계속 회사에 남을 것인가, 다른 회사로 갈 것인가. 아니면 독립해서 사업을 할 것인가. 이때 결정을 내리기 위해서는, 자신이 가진 능력, 기술, 그리고 주변의 사람과 상황을 토대로 성공 여부를 따지는 과정이 필요하다. 특히 사업의 경우는 더욱 철저한 분석과 검증이 요구된다. 보통 사업을 시작하기 전에 어느 정도 매출을 확보하는 것이 좋은데, 그렇게 해도 사업을 하다보면 어려움이 온다. 그러니 아무런 매출 보장도 없이 사업을 시작하면 어려움을 겪는 것은 너무도 당연하다. '여기서 더 늦으면 사업하기 힘들다'는 막연한 판단이 아니라 '지금 상황에서 사업하면 성공할 수밖에 없다'는 객관적 분석을 토대로 한 확신이 있을 때만 사업을 하라고 말하고 싶다. 직장생활보다 투자로 성공하기가 더 어렵고, 두사보나 사업으로 성공하기가 더 어렵기 때문이다.

좋아하는 것 vs 잘하는 것

MZ세대가 진로와 관련해 가진 하나의 오해는 자신이 하고 싶은 일을 하며 살아야 옳다는 것이다. 물론 하고 싶은 일을 하며 살 수 있다면 좋을 것이다. 하지만 하고 싶은 일을 하며 사는 사람은 많지 않다. 더욱이 하고 싶은 일을 하면서 돈 걱정 없이 풍족하게 사는 사람은 더더욱 드물다.

나는 어린 시절 야구선수가 꿈이었다. 초등학교 때 한 중학교 야구부에 입단 테스트를 받으러 갔는데, 당시 감독님이 건넨 첫마디는 "공부 잘하니?"였다. "잘합니다"라고 답하니 공 한번 던져보게 하지 않고 탈락시켰다. 그때는 너무 억울하다고 생각했는데, 이제 와보니 인생을 구해준 은인이었다. 나중에 감독님이 탈락시킨 이유를 설명해줬는데, 야구는 체격이 중요하기 때문이라고 했다. 키가 170cm가 넘는 초등학생들 중에서 선수를 선발하고 있다는 것이다. 물론 키가 작아도 성공한 프로 선수도 있지만, 체격이 불리하면 성공할 확률이 매우 낮은 것은 사실이다. 감독님은 내가 공부로 성공할 확률과 키 작은 야구선수로 성공할 확률 중 전자가 더 높다고 판단돼, 탈락시켰다고 했다. 만약 그때 감독님이 나를 탈락시키지 않았으면, 나는 내가 하고 싶지만 잘하지 못하는 일을 계속하면서 시간 낭비를 했을지도 모른다.

여담이지만 서른 살이 되어서야 사회인 야구에 가입해 활동하게 되었는데, 주말에 취미로 하는 사회인 야구가 내가 하고 싶은 야구였다는 사실을 알게 되었다. 사회인 야구는 그저 야구를 좋아하는 사람들이 모여서 시합을 한다. 물론 이기면 좋지만, 다치지 않고 즐겁게 야구를 하는 것이 우선이다. 반대로 프로 선수는 성적에 따라 연봉이 달라진다. 내 몸이 다치더라도 이겨야만 먹고살 수 있다. 나는 야구를 즐기고 싶었지, 힘겹게 야구를 하면서 돈을 벌고 싶었던 것은 아니라는 사실을 깨달은 후, 다시금 과거의 그 감독님에게 고마움을 느꼈다.

좋아하는 것과 잘하는 것은 다르다. 설사 생활은 풍족하지 못하더라도 좋아하는 것을 계속 즐기며 사는 삶을 꿈꾸는 사람이라면, 당연히 좋아하는 것을 하면 된다. 그것은 무척 의미 있고 행복한 삶이라고 생각한다. 하지만 지금 이 책을 읽는 우리는 경제적 자유를 꿈꾸는 사람들이다. 돈 걱정 없는 삶, 돈에 얽매이지 않는 여유롭고 풍족한 삶을 원하는 사람들이다. 그렇다면 내가 좋아하는 것보다 잘하는 것, 그래서 성공 확률이 높고 결과적으로 내게 든든한 현금 흐름을 확보해줄 수 있는 것을 선택해야 하지 않겠는가.

경제적 자유를 바라는 사람이라면, 본인이 하고 싶은 일보다 성공 확률이 높은 일을 직업으로 삼기를 권한다. 그중에서도 본인의 장점을 모두 활용해 독보적인 위치를 확보힐 수 있는 직업을 기지면 더 유리하다. 세금에 대한 지식이 많고, 사람들에게 쉽고 친절하게 설명하는 데 능하고, 투자에 감각도 있는 사람이라면? 공인중개사 같은 직업이 좋을 것이다. 나의 모든 장점을 결합했을 때 가장 빛이 날 직업을 찾아보자. 그것이 가장 빠르고 확실하게 경제적 자유로 향하는 길이다. 그리고 마침내 경제적 자유를 누리게 되면, 이제는 '하고 싶은 일'에 집중할 수 있는 새로운 길이 열린다. 그와 관련된 이야기는 뒤에 이어서 해보도록 하겠다.

노후뿐 아니라
자유도 대비가 필요하다

서른다섯에 경제적 자유를 이루었다고는 하나, 일에서는 자유를 이루지 못했다. 아니, 오해의 소지가 있으니 정확히 이야기해야겠다. 경제적 자유와 함께 나는 '하기 싫은 일', '해야만 하는 일'에서 자유로워졌다. 그래서 지금은 '하고 싶은 일'에 집중하고 있다. 나는 돈에서 자유로워지기 위해 경제적 자유를 꿈꾼 것이지, 일하지 않는 삶을 목표로 한 것은 아니었기 때문이다.

사실 경제적 자유를 막 이뤘을 때는 허무함이 밀려왔다. 낭연히 기쁘고 신나고 즐거울 거라고 생각했는데, '딱히 별거 없네'라는 공허함이 굉장히 컸다. 그동안 이 목표를 향해 엄청난 희생을 했던 나였기에, 희생 대비 보상이 크지 않다고 느꼈던 것인지도 모르겠다. 대학 입학 때의 감정과도 비슷했다. 고등학교 시절 하루 3~4시간만 자면서 모든 시간을 공부하는 데 바쳤고, 좋은 대학에 합격했을 때는 날아갈 듯이 기뻤다. 그런데 막상 입학하고 나니 대학은 끝이 아니라 또다른 시작일 뿐이었고, 다시 생존을 위한 공부와 노력을 더 많이, 더 치열하게 해야 하는 현실에 답답함을 느꼈다. 그런데 경제적 자유를 얻고 나자 그때와 비슷한 감정이 다시금 밀려왔던 것이다. 물론 과거와는 조금 다른 감정이었다. 대학 입학 때는 아직도 노력이 필요하다는 답답함이었다면, 경제적 자유를 얻은 후에는 이제 무엇을 해야 하는가, 라는 허무함이었다.

생각해보니 이유는 분명했다. 직장에서 없는 일도 만들어서 성과를 내던 나였기에, 백수의 삶이 체질적으로 맞지 않았던 것이다. 사실 나는 예전에도 직장생활이 싫지 않았다. 그곳에서 하는 일들이 보람 있었고, 스스로의 성과에 대한 만족감도 컸기 때문이다. 월급이 잘 오르는 회사는 아니었지만, 내가 받은 돈보다는 더 일을 해야 공정거래라고 생각했기에 누가 시키지 않아도 먼저 일을 찾고 또 만들어내곤 했다. 어느 정도 경제적 자유를 달성하고도 2년 더 직장을 다닌 이유도 그래서였다. 그러다가 코로나가 발생하면서 내가 받는 돈에 비해 일로 보답하지 못한다는 생각이 들었고, 그래서 회사를 그만뒀다. 만약 코로나가 아니었다면 지금도 계속 회사를 다니고 있을지 모를 일이다.

출근을 하지 않게 되면서 한동안 오전 11시에 일어났다. 스스로 점심을 챙겨 먹은 후 씻고 나면 오후 2시였다. 밖에 나가 뭐라도 잠깐 하고 오면 오후 5~6시였다. 저녁을 먹으면 금방 밤이 오고 다시 아침이 왔다. 이런 삶에서 행복이 느껴질 수 있을까? 직장을 다닐 때 휴가 시즌에 이렇게 하면 너무 꿀맛이지만, 평생을 이렇게 살라고 하면 '인생은 무엇인가? 나는 왜 사는가?'라는 고민이 들 것이다. 내가 아닌 누구라도 말이다. 여하튼 퇴사 이후의 이런 공허함을 계기로, 나는 경제적 자유를 통해 일을 안 하고 노는 백수의 삶이 아니라 돈에 연연하지 않고 하고 싶은 일을 하며 사는 삶을 꿈꿨다는 것을 다시금 확인했다. 그래서 돈을 많이 벌지 못해도 내가 하고 싶은 일들을 생각해봤다.

우선 유튜브를 계속 해야겠다고 생각했다. 많은 이들이 내 영상을 보고 구독을 해준다는 것은 매우 고마운 일이다. 특별한 이유 없이 그만둔다는 것은 50만 명이 넘는 사람들을 실망시키는 일이었다. 게다가 나의 투자를 위해서 매일 공부하고 자료를 정리하는 과정이 필요했고, 그것을 영상으로 찍으면 되는 일이었기에 유튜브를 그만둘 필요가 없었다. 그래서 유튜브는 지속한다는 전제하에, 무엇을 더 해볼지를 고민하기 시작했다.

당신에게 경제적 자유란 무엇인가

원래 경제적 자유를 얻으면 해보고 싶었던 일은 돈이 되지 않는 순수소설이나 연극 대본을 쓰는 일, 외국으로 이민가는 것이었다. 그런데 직장을 다니면서 소설 한 편과 청소년 소설 한 편을 이미 썼다. 이민을 가기 위해 한 달 안 되는 시간 동안 벤쿠버에 살아봤는데, 좋은 도시지만 한국어를 활용 못하니 살기에 불편함이 많아 보였다. 그래서 소설 집필과 이민 대신 다른 일을 찾아보기로 했다.

그러다가 내 밑에서 일을 해보고 싶다는 청년들을 만났다. 이들을 모아서 일을 시작해봤다. 구체적으로 무슨 일을 할지 정하지 못한 상태에서 일단 계획부터 세워봤다. 허무맹랑한 일, 즐거운 일, 의미가 있는 일 등 다양한 일들이 존재했다. 사람이 늘어나니까 해볼 수 있는 일들도 늘어났다. 그렇게 직원이 늘어나다보니 한 달에 나가는 월급도 꽤나 부담스러울 정도가 됐다. 월급을 벌기 위해 일을 더 열심히 하기 시작했다. 그만큼 회사가 내는 세금도 늘고 직원들 4대보험, 소득세도 늘었다.

원래 책을 15권 넘게 쓴 작가다보니 내가 잘할 수 있는 일은 글을 쓰는 일이었다. 그 글을 대본으로 바꿨을 때 더 큰 소득이 나온다는 것을 알게 되었고, 최근에는 프로그램을 직접 제작하는 것이 더 큰 소득이 나온다는 것을 알게 되어 프로그램 제작도 맡고 있다. 그러던 사이 한국의 콘텐츠들이 넷플릭스에서 인기를 끌기 시작했고, 프로그램들 가격이 예전과 다르게 대폭 상승하기 시작했다. 그래서 지금은 프로그램 제작, 투자에 관한 일들을 하고 있다. 영화 제작에도 투자하고, 웹드라마도 자체적으로 만들고, 넷플릭스에 납품해볼 만한 교육 프로그램을 제작하기 위해 합자회사도 만들었다. 이렇게 공격적으로 일을 확장할 수 있었던 것은, 글이라는 기본에 대한 자신감이 있었기 때문이다. 지금은 직원들도 생겨서 순이익은 낮아졌을지 모르지만 매달 들어오는 저작권료만 해도 몇 배가 늘어 이제는 강남 건물주보다 더 많이 들어온다. 물론 건물주는 노력을 하지 않아도 매달 수천만원이 들어오지만 나는 계속 아이디어를 짜내야 한다는 단점이 있다. 그래도 아이디어를 짜낸다고 돈이 드는 것은 아니니, 누구나 돈 없이도 건물주와 같은 수입을 낼 수 있다는 것을 보여주기 위해서라도 이 일을 계속하고 있다.

그러는 와중에 잠시 잊었던 꿈들이 생각났다. 하나는 '국가에 세금을 많이 내는 사람이 되기'였는데, 그렇다고 절세를 안 한다는 이야기는 아니나. 국가에 세금을 내는 것은 매우 자랑스러운 일이라는 뜻이다. 내가 내는 세금으로 군인들 한 명이라도 더 월급을 줄 수 있고, 교육이나 복지를 위해 쓸 수도 있다. 다른 하나는 '외국의 달러를 벌어오기'였는데, 현재 유튜브에서 매달 달러로 돈이 들어온다. 여기에 더해 이제는 해외로 수출을 해서 직접적으로 딜러를 벌어오거나 관광객들을 유치하는 일을 해서 달러를 벌고 싶다. 그렇게 개인이 할 수 있는 일들을 회사의 일로 확장을 하고 나니 점점 기업이 되고 있었다. '작가님'이라는 호칭에 더해 어느덧 '대표님'이라는 호칭이 붙기 시작했다.

사업가로 자리를 잡고, 회사의 매출이 빠르게 늘자 투자자보다는 사업가의 길이 더 보람이 있었다. 주식 투자자는 기존에 상장한 회사의 주식을 사고파는 것 외에는 할 수 있는 일이 없었다. 삼성전자가 더 매출을 늘리는 일에 내가 기여할 수는 없는 것이다. 하지만 사업가는 다르다. 주가가 떨어진다고 그 기업을 버릴 수가 없다. 내 기업을 책임지고 살려내야 하는 것이 임직원의 일이다. 경쟁자가 삼성전자면 이를 이겨내야 하는 것이 기업인의 숙명이다. 그렇기 때문에 투자자보다 난이도가 훨씬 더 높다. 주식 투자자를 넘어서 사업가로 다시 태어나 회사를 키워 증시에 상장시킨다면, 많은 청년들에게 좋은 메시지를 던질 수 있다고 생각한다. 내가 전하고 싶은 메시지는 이것이다.

'직장인의 삶으로 서울에 집 한 채 사기 어려운 세상이 되었다. 그래서 청춘들이 직장에서 방황하고 투자에서 답을 찾으려고 한다. 그것도 좋다. 투자에서 성공하기를 바란다. 하지만 바람이 있다면 능력 있는 젊은이들이 더 어려운 도전을 해봤으면 좋겠다. 창업가 정신을 발휘해서 기업을 만들고 성공시켜서 한국에도 구글, 애플, 스타벅스, 테슬라 같은 기업이 줄이어 나오길 바란다. 우선 나부터 도전해보겠다. 누구라도 좋으니 능력 있는 사람들이 더 많이 나타나 한국을 빛내주길 바란다.'

바야흐로 100세 시대. 모두가 퇴직 이후의 노후를 미리 준비해야 하듯이, 경제적 자유를 꿈꾸는 사람이라면 자유 이후의 삶에 대한 대비가 필요하다. 당신은 왜 경제적 자유를 원하는가? 자유를 얻은 이후 무엇을 할 것인가? 이에 대해 미리 고민하고 준비하지 않으면, 정작 그토록 바라던 자유를 얻고 나서도 행복하지 못할 가능성이 높다는 사실을 명심하자. 나는 당신의 경제적 자유가 당신의 행복을 위한 길이기를 간절히 바란다.

일곱 번째 비밀

평생의 부

부와 성공을 지속하는 인생의 비결 7가지

남들이 가지 않는
길로 가라

앞서 경제적 자유를 이루는 것도 중요하지만, 이룬 이후의 삶에 대한 대비도 필요하다고 했다. 부를 쌓는 것뿐 아니라 지키는 것, 돈뿐 아니라 행복도 중요하기에 마지막은 부와 성공, 행복을 지속하는 인생의 비결에 대한 이야기를 해보려 한다. 나는 우리 모두가 오래도록 자유롭고 행복한 삶을 살았으면 좋겠다. 적어도 이 책을 통해 함께 경제적 자유를 꿈꾸고 노력해갈 사람들과는, 삶의 마지막까지 여유롭고 자유로우며 풍족한 인생을 같이 누려가길 바란다. 그래서 마지막 7장은 나와 당신, 우리 모두가 잊지 않았으면 하는 인생의 기초적인 태도와 지속 가능한 성공과 행복의 비결에 대한 이야기로 채워봤다.

다수의 길 vs 소수의 길

숲을 걷거나 산을 오르다보면 두 갈래 길을 만나기 마련이다. 한 길을 택하면 다른 길은 가볼 수 없다. 물론 다시 길을 돌아와 두 번째 길을 가볼 수도 있지만, 그만큼 시간과 노력이 배로 들게 된다. 우리의 인생도 그렇다. 안타깝지만 모든 것을 다 해볼 수는 없다. 그래서 반드시 하나의 길을 택하고, 거기에 집중해야 한다. 자, 그럼 어떤 길을 택해야 할까?

나는 많은 확률로 남들이 가지 않는 길, 아무도 가보지 않은 길로 갔다. 남들이 가본 길을 따라간다면 나는 그 길을 간 수많은 사람 중 하나가 될 뿐이지만, 아무도 가지 않은 길을 간다면 그 길을 개척한 사람이 되기 때문이다. 물론 누구도 가보지 않았던 길은 그 길에 대한 정보도, 경험도 없기에 실패할 가능성이 높다. 그래서 앞에서는 도전의 초반에는 남들이 가본 길을 가는 것이 좋다고 했다. 하지만 언제까지 남들이 갔던 길만 갈 수는 없다. 새로운 길을 개척해야만 하는 순간이 찾아오기 마련이고, 그 길에서 성공했을 때의 보상은 몇 배에 달한다.

전기차 시장을 보자. 이 시장을 처음 개척한 기업은 테슬라다. 후발주자로 뛰어든 다른 기업도 나름의 성공을 거둘 수 있겠지만, 사람들은 전기차 하면 모두 테슬라를 떠올린다. 이것이 개척자, 선발주자의 힘이자 이득이다. 그래서 테슬라에게 전기차 선두를 빼앗긴 구글과 애플은 테슬라가 가지 않은 다른 길을 먼저 가서 선점 효과를 누리려 준비 중이다. 바로 스마트카라고 불리는 자율주행차다. 마차 시절부터 현재의 자동차까지, 수백 년 동안 우리는 운전자가 있어야만 차를 움직일 수 있었다. 그런데 자율주행 기술의 발달로 운전자 없이 차가 다니는 세상이 몇 년 안에 오게 된다. 새로운 길이 열리는 것이다.

구글과 애플이 노리는 것은 이 새로운 길의 개척자, 선두자 자리다. '자율주행이라면 이미 테슬라가 하고 있는 것이 아닌가' 하는 의문이 들 수 있다. 맞다. 그런데 구글과 애플이 노리는 것은 좀더 깊이 들어가볼 필요가 있다. 자율주행차가 본격화되면 사람이 직접 운전을 하지 않기에 운전 기술을 선보일 수 있는 엔진의 출력, 타이어의 접지력, 브레이크의 반응 등이 그다지 중요하지 않게 된다. 그보다는 차 안에서 어떻게 시간을 보내느냐가 더 중요해진다. 이동 시간에도 일을 할 수 있도록 오피스 기능을 가진 차, 영화를 보거나 쇼핑을 하거나 게임을 할 수 있는 엔터 기능을 가진 차 등이 나올 수 있다. 이는 구글과 애플이 잘해왔고, 앞으로도 잘할 분야다. 스마트카가 더 발전하면 차 안에서 먹고 자는 기능도 추가될 수 있다. 식수 공급 등이 가능한 주차장이 생기면 집에 들어갈 필요도 없어지는 것이다. 즉 자동차가 움직이는 원룸이 되는 것이다.

이런 길은 아무도 가보지 않은 길이다. 이 미지의 길에서 승리한 기업은 분명 아주 많은 것을 얻을 것이다. 그리고 지금까지 갔던 길만 계속 고수한 기존 완성차 업체들은 수십 년 뒤에는 마차처럼 사라질 가능성이 높다. 비단 기업에만 해당되는 이야기는 아니다. 우리도 마찬가지다. 어느 순간에는 남들이 가지 않는 길, 아무도 가보지 않은 길을 가야 큰 것을 얻을 수 있다.

다수의 길이 아닌 소수의 길을 걷는 것은 외롭고 힘든 일이다. 하지만 이미 그 길을 가고자 결심했을 때 그 외로움과 힘듦을 다 각오하고 가는 것이다. 조롱과 우려는 당연한 몫이라고 생각하며 살아야 한다. 그리고 그 길에서 성공을 거뒀을 때 그제야 돌변하는 사람들의 태도를 보고 실망하거나 화를 내서도 안 된다. 그들은 소수의 길은 성공하기 어려울 것이라고 생각했을 뿐이다. 당신을 믿지 않아서라기보다 성공 확률이 적은 길에 대한 우려였을 것이다. 어쨌든 당신은 모두가 의심한 그 길을 갔기에 큰 것을 얻었다. 어렵고 힘든 길이지만, 나는 당신이 남들은 가지 않은 길을 가서 당신의 이름을 가장 먼저, 가장 크게, 그리고 오래도록 새길 수 있길 바란다.

도전을 해야
길이 있다

누차 강조하듯 지금 시대는 누가 먼저 선점하는가가 매우 중요하다. 가장 먼저 해야 대중에게 각인 효과를 줄 수 있고 브랜드화가 될 수 있다. 스마트폰을 시작한 애플, 전기차를 시작한 테슬라처럼 먼저 선점하고 대중화시키는 것이 성공의 핵심이다.

그렇기 때문에 좋은 아이디어가 나왔다면 빨리 판단하고 실행에 옮겨야 한다. 대부분의 사람들은 아무리 괜찮은 아이디어가 떠올라도 사례부터 찾는다. 비슷한 아이디어로 성공하거나 실패한 사례가 있는지 알아보는 것이다. 그리고 사례가 없으면 불안해하며 일을 추진하지 못한다. 사례가 없는 것이 오히려 호재인데도 말이다. 만약 누군가가 이미 시도한 아이디어라면, 선점 효과를 빼앗긴 상태에서 이

겨야 하니 성공 가능성이 그만큼 떨어지는데도 사례가 없다며 주저
하는 것이다. 그사이, 과감하고 저돌적인 실행력으로 그 아이디어를
실현하는 사람이 나타나면, 그것으로 게임 끝. 지금의 시대는 속도전
이다. 누가 더 먼저 생각하고 누가 더 빨리 도입하느냐의 싸움인 것
이다.

칭기즈칸이 유럽까지 정벌할 수 있었던 이유도 속도였다. 보통의
군대는 이동하다 멈춰서 밥을 지어 먹고 다시 이동하고, 멈춰서 밥을
지어 먹고 다시 이동했다. 이동하는 시간보다 밥을 지어서 먹는 시간
이 더 걸렸고, 그 속도로는 적군에게 움직임이 다 포착되기 일쑤였다.
칭기즈칸의 기병은 육포를 말안장에 깔고 달리면서 식사를 했다. 기
병이 쉬지 않고 달려서 오니, 준비할 겨를 없이 적을 맞이한 상대
로서는 결코 이길 수 없는 싸움이었다. 즉 칭기즈칸은 속도에서 이
겼기에 싸움에서도 이겼던 것이다.

일단 시도하라

지금은 다양한 창의성이 실시간으로 쏟아지는 사회다. 오늘 자고 내
일 일어나면 새로운 아이디어와 제품들이 나와 있다고 해도 과언이
아니다. 이처럼 빠르게 돌아가는 세상에서는 빠르게 실천하는 사람

만이 돈을 벌고 성공할 수 있다. 넷플릭스 드라마 〈오징어 게임〉을 만든 것은 한국이지만, 이를 보고 세트장을 만들어 유튜브로 찍은 사람은 외국인이었다. 우리가 저런 거 재미있겠다 생각만 하는 사이, 누군가는 세트장을 만들고 영상을 찍고 있었던 것이다. 그 유튜버는 한 해 600억원이 넘는 돈을 벌었다고 한다.

이런 세상의 속도에 맞추려면, 평소에도 생각을 바로 실천에 옮기는 연습을 해야 한다. 좋은 아이디어가 떠올랐다면 머릿속으로 빠르게 정리해보고, 가능하다는 판단이 나오면 바로 준비하고 시작하는 열정이 필요하다. 천천히 생각하고 준비한 다음에 실천하는 것보다 더 많은 문제 상황이 발생할 수는 있다. 하지만 오히려 문제를 많이 만날수록 그만큼 문제 해결력이 빠르게 늘어나는 것이라고 생각하면 어떨까? 꼼꼼하고 신중하다는 것은 칭찬일 수도 있지만, 일의 속도가 느리고 효율이 떨어진다는 지적일 수도 있다. 계속 도전하고 시행착오를 겪고 극복하다보면, 이후에는 어느 정도의 문제는 즉석에서 해결할 수 있는 능력이 생길 것이다. 꼼꼼함보다는 열정, 신중함보다는 용기가 더 필요한 시대다.

이렇게 발상 즉시 실행하는 방법의 가장 큰 장점은, 내가 생각한 아이디어를 최대한 도전해볼 수 있다는 점이다. 대개 사람들은 좋은 아이디어라고 생각했다가도 시간이 지나면 의욕을 잃고 실천하지 않는다. 그 이유는 머릿속에 담아두면 자신감이 떨어지기 때문이다. 또는 흥이 사라지기도 한다. 그때는 좋다고 생각했는데, 시간이 지나다보니 점점 좋아 보이지 않는 것이다. 시도도 해보지 않고 자체 판단으로 취소하는 경우가 늘어나게 되면, 더 이상 시도할 동력도 의지도 생기지 않을 가능성이 높다. 하지만 시도를 해보면 생각과 달라 방법을 수정하는 과정에서 문제 해결력이 길러지고, 또다른 아이디어를 만나게 된다.

"임자, 해봤어?" 영국으로 가서 500원짜리 지폐의 거북선을 보여주면서 조선소를 지을 돈을 빌려온 고 정주영 현대 회장의 일화는, 아무것도 없이 성공해야 하는 사람들이 어떻게 행동해야 하는지를 알려준다. 해봐야 알고, 해봐야 는다. 도전을 해야 길이 있다는 사실을 명심하자.

인생에는
정답이 없다

꿈은 클수록 좋지만, 굳이 주변 사람들에게 처음부터 큰 꿈을 밝힐 필요는 없다. 우선 내가 집중할 작은 목표들을 말하고 시도하는 것이 실현 가능성이 높고, 그 꿈을 듣고 도와줄 사람도 쉽게 만나게 된다.

　나의 경우 중기 목표는 작품을 만들어서 넷플릭스 오리지널로 상영하는 것이다. 하지만 지금 이런 말을 하면 도움을 받기 어렵다. 아직 너무 멀고 큰 목표이기 때문이다. 그래서 나는 주변에 그전 단계의 목표를 이야기한다. 다른 OTT에 들어갈 작품을 만들거나 자체 유튜브 채널에 올릴 웹드라마, 웹예능을 만든다는 목표다. 그럼 지인들이 이를 도와줄 만한 사람들을 소개해준다. 작가, 감독, 촬영팀, 제작사 등등을 소개받은 덕에 웹드라마, 웹예능을 실현할 가능성이 훨씬 높아졌다.

여기서 짚고 넘어갈 사실은, 주변 사람들이 내 목표를 도와줄 수 있었던 이유다. 그들은 내가 구독자 50만이 넘는 유튜브 채널을 키운 것을 봤다. 이미 영상 콘텐츠로 나름의 성공을 거두었기에, 웹드라마와 웹예능도 허황된 꿈이 아니라 믿고 나를 도와준 것이다. 만약 내가 책만 쓴 작가인 상태였다면 "네가 영상을 알아? 어떻게 웹드라마를 만들어?"라며 의심하거나 비웃었을 것이다. 사실 나는 작가일 때부터 영상에 대한 꿈을 키워왔는데도 말이다.

작은 성공들을 쌓아라

내가 가진 꿈이 크더라도 당장 사람들에게는 그 꿈을 위해 가장 먼저 달성해야 하는 목표를 말하자. 그래야 도움을 얻을 수 있고, 그 도움을 토대로 성공 확률을 끌어올릴 수 있다. 작은 성공들을 계속 쌓는 것이 중요하다. 그 성공의 경험은 큰 성공의 발판이 되고, 또 주변 사람들에게 나에 대한 신뢰와 지지를 다져주는 바탕이 된다. 저 사람은 이것도 해낸다는 평판이 만들어지면 자연스럽게 사람과 기회가 몰린다.

작은 성공들을 쌓는 과정을 꼭 단계별로 차근차근 진행할 필요는 없다. 시간은 한정적이기 때문에 확률만 높다면 좀더 높은 목표를 잡는 것도 시간을 아끼는 방법이다. 예를 들어 1단계 목표를 실패했을 때, 다시 1단계에 도전하는 것이 아니라 바로 2단계에 도전하는 것이다. 2단계를 성공하면 1단계는 자연스레 생략된다. 그럼 시간과 에너지 소비를 아낄 수 있다. 물론 1단계를 건너뛰고 2단계에 도전하면, 그만큼 힘들 수 있다. 하지만 이런 퀀텀 점프quantum jump를 통해서 경쟁자보다 더 빨리 성공할 수 있기에, 목표 실현의 과정에서 한 번쯤은 시도해볼 만하다.

때로는 내가 실현 가능한 목표라고 생각해서 말했는데도 사람들의 도움이 없거나 비웃음만 사는 경우도 있다. 이때는 스스로를 다시금 객관적으로 분석해보자. 주변에서 보기에 그 일 자체가 성공 가능성이 적거나 아니면 내가 그 일을 해낼 가능성이 낮아서, 신뢰하지 못하는 것일 수 있다. 냉정하게 판단했을 때 내가 강력한 무기나 구체적인 계획 없이 의욕만 앞섰던 것이라면, 자존심이 상하더라도 목표를 낮추거나 아예 다른 목표를 찾아야 한다. 두 발 전진을 위한 한 발 후퇴도 필요한 법이다.

잊지 말아야 할 사실은, 님들에게는 밀하지 않더라도 나의 최종 목표가 무엇인지 끊임없이 상기해야 한다는 점이다. 그리고 그것이 의미 있는 일인지에 대한 고민도 계속해야 한다. 단순히 그냥 좋아 보여서라면 안 하는 편이 낫다. 꼭 해야 하는 이유, 그것의 의미를 잘 생각해보자. 그래야 험난한 항해를 하면시도 꿈을 잃지 않을 수 있다. 그리고 그 과정에서 애초의 목표가 합당하지 않다고 생각되면, 작은 성공들을 계속 쌓아가면서 현실적인 목표로 맞춰가면 된다.

인생은 처음 가보는 나라를 여행하는 것과 같다. 여행에는 정답이 없다. 인터넷에서 알려준 맛집을 꼭 가야 할 필요는 없다. 꼭 어떤 곳의 사진을 찍고 기념품을 사야 할 이유가 없다. 여행을 가는 이유는 내가 즐겁기 위해서다. 잡지나 책에 소개되지 않은 좋은 식당, 좋은 장소, 좋은 물건을 발견했다면, 그것만으로 즐거운 여행이 될 수 있다. 인생도 마찬가지로 정답이 없다. 누구나 인생의 목표를 세우지만, 꼭 그 목표를 달성해야만 행복한 것이 아니다. 내 인생이 보람되고 즐겁기 위해서 목표를 세우는 것이다. 그렇기 때문에 목표에 대한 강박증을 버리고, 현실에 맞게 수정해나가길 바란다.

사람에게 투자하라

예전에 셰어하우스를 하다가 망했을 때, 지역을 옮기면 잘될 것 같다는 친구의 조언에 한 번 더 해볼 용기가 생겼다. 사실 그때는 그 조언을 듣고 한 번 더 도전한 나 자신이 대단하다고 생각했다. 그런데 이제 와서 보니 망한 사람한테 한 번 더 해보라는 조언을 해준 친구가 더 대단하다는 생각이 든다. 잘하고 있을 때, 혹은 처음 시작할 때 칭찬과 응원은 누구나 해줄 수 있지만, 잘되지 않았을 때 격려와 조언을 해주는 것은 쉽지 않기 때문이나.

주변에는 조언을 해주거나 쓴소리를 해줄 수 있는 사람들을 많이 두어야 한다. 그 소리들은 쓰고 아프다. 자신감을 떨어뜨릴 수도 있다. 하지만 분명 약이 된다. 자신감만 올려주고 달콤한 말만 늘어놓는 사람들로 옆을 채워놓으면 어떤 일이 벌어지는지, 우리는 역사 책을 통해 수도 없이 확인하지 않았는가. 특히 잘나갈수록 쓴소리를 해주는 사람을 늘려가야 한다. 내가 성공에 취해서 보지 못하는 것, 자만에 빠져서 놓치는 것을 지적해줄 사람이 있다면 잠시 길을 잃어도 다시 제자리를 찾을 수 있기 때문이다.

아이디어맨도 항상 곁에 둬야 할 사람들이다. 아이디어가 많은 사람은 상상력이 풍부한 사람이다. 이들은 당신이 미처 생각하지 못한 것을 깨닫게 해주는 영감을 줄 수 있다. 그들의 아이디어를 통해 사업, 기획을 연결해볼 수도 있다.

결국 우리가 오래도록 부와 성공, 행복을 이어가려면 사람이 중요하다. 혼자서는 살 수 없는 게 인생이다. 《부자의 인간관계》라는 책을 보면 "작은 부자는 돈을 벌지만, 진짜 부자는 사람을 번다"고 주장한다. 그만큼 우리 삶에 사람이 중요하다는 뜻이다.

사람을 얻는 방법

사람을 얻는 방법은 생각보다 단순하다. 진심으로 대하면 된다. 우리는 늘 새로운 사람을 만나게 된다. 그들 중에 당신의 운을 틔워줄 사람, 시너지를 같이 낼 수 있는 사람, 깨달음을 줄 수 있는 사람,

부자가 되게 해줄 사람 등 다양한 사람이 나올 수 있다. 또는 그 사람이 당신을 좋게 보고 다른 누군가를 소개해줄 수도 있다. 새로운 사람들을 만날 때마다 그들에게 면접을 보고 있다고 생각하자. 그가 어떤 고민을 하는지 깊이 생각해본 후 그에 맞는 답을 제시해주면, 그는 당신을 말이 잘 통하는 사람, 일머리가 있는 사람, 괜찮은 사람으로 생각하게 된다. 그리고 주변에 당신을 추천해줄 가능성이 높다. 준비하고 상대를 배려하는 자세, 진심을 다하고 열정을 보여주는 것은 당장 숫자로 돌아오지 않지만, 언젠가 제곱으로 당신에게 기회를 줄 것이다.

고객 또는 거래처가 말을 꺼내기 전에 미리 조치를 취하는 것이 최고의 영업이다. 분명 상대 입장에서는 말을 꺼내기 힘든 내용들이기 때문이다. 이것 하나만 잘해도 상대의 마음을 얻고, 당신의 일과 사업이 번창할 수 있다. 그러려면 고객 입장에서 계속 생각해야 한다. 나는 셰어하우스를 만들었을 때 직접 내가 그 집에 산다는 생각으로, 누워도 보고 앉아도 보고 설거지도 해봤다. 그러면 불편한 점이 하나씩 나왔다. 콘센트 선이 짧다던가 선반이 부족하다던가 삐거덕거리는 소리가 난다던가 등등. 그냥 밀리서 지켜볼 때는 알 수 없는 것들이 보였고, 이것들을 개선한 덕분에 셰어하우스가 성공할 수 있었다고 생각한다.

지인이든, 거래처든, 고객이든 상대의 마음을 얻으려면 내가 먼저 마음을 써야 하는 것이다. 그린 의미에서 딩신 주변의 사람이 잘될 수 있도록 도와주는 것도 중요하다. 내 덕분에 부자가 된 사람들이 늘어나고, 방송에 출연하는 사람들이 늘어나고, 책을 쓰는 사람들이 늘어나면 당신의 편이 되어줄 인맥이 성장하게 된다. 사람은 혼자 힘만으로는 오랫동안 성장하기 어렵다. 언젠가는 함께할 수 있는 사람들이 반드시 필요한데, 내가 도와준 사람들은 그때 든든한 지원군이 되어줄 것이다. 큰 손해를 보는 것이 아니라면 무언가를 바라지 말고, 최대한 주변 사람들을 돕자. 그에게 부담감을 주는 것은 금물이지만, 어쨌든 상대에게는 마음의 빚이 될수록 나에게는 마음의 투자가 된다.

남보다 하나를
더 주면 된다

성공을 하는 가장 간단한 방법은 남보다 하나를 더 주는 것이다. 나의 경우도 스무 살 때 부족한 과외 경력으로 수주를 가득 채울 수 있었던 것은, 남보다 한 과목이라도 더 가르쳐줬기 때문이다. 앞서도 말했듯 나는 같은 시간, 같은 비용으로 여러 과목을 봐줬다. 다른 이들은 귀찮고 번거로워서, 혹은 자신이 없어서 한 과목 과외만 하는 시장에서 하나를 더 주는 전략을 펼친 것이다. 덕분에 대학 입학 후 3개월이 지났을 때 월 300만원이 넘는 소득을 올릴 수 있었다.

직장을 구할 때도 마찬가지다. 내가 가진 능력이 다른 사람들과 비슷하다면 수많은 경쟁자와 벌이는 구직 경쟁에서 우위를 점하기 어렵다. 그런데 경쟁자가 없는 능력을 하나 더 가지게 되면, 기업은 나에게 가성비를 느끼게 된다. 예를 들어 기본 능력에 더해 운전을 잘하거나, 리더십이 뛰어나거나, 중국어를 하거나, 사업 경험이 있거나, 중동 파견 경험이 있거나 등 회사가 원할 만한 능력이나 경험을 보유했다면 매우 유리한 조건이 된다.

사업을 할 때도 다르지 않다. 거래처의 일감을 노리는 경쟁자들은 지금의 나보다 더 좋은 제안을 던진다. 그들을 제치고 내가 일감을 유지하려면, 그들이 제시할 수 없는 제안을 해야 한다. 압도적인 품질, 가격 경쟁력이 무기가 될 수도 있지만 그런 것을 가지지 못했다면 다른 전략이 필요하다. 이럴 때는 경쟁자들은 알지 못하지만 거래처가 안고 있는 고민 등을 해결해줄 수 있는 카드를 찾아야 한다.

무엇을 더할 것인가

새로운 제품·서비스를 기획할 때도 '하나 더 전략'을 생각해볼 수 있다. 이때 필요한 것은 기존의 제품·서비스에서 어떤 것들이 부족한지를 찾고, 그중 무엇을 더해야 성공할 수 있을지를 가늠하는 일이다.

과거 강의는 대부분 정보 전달, 교육이 중심이었다. 그러다보니 내용이 딱딱하고 재미가 없는 경우가 많았다. 그래서 대본을 쓸 때 내용뿐 아니라 재미라는 요소를 신경썼다. 재미있고 흥미로운 교육이 될 수 있도록 프로그램과 출연진을 구성하고, 대본화하는 작업을 거쳐서 예능형 교육 강의라는 시스템을 만들어냈다. 당연히 반응이 좋았고 매출도 잘 나왔다. 이후에 이런 포맷을 따라하는 강의가 늘어났는데, 수강자들에게는 재미있게 배울 수 있는 강의가 많아졌으니 좋은 일이다. 하지만 그 덕분에 나는 경쟁자가 생겼다. 이들의 프로그램보다 더 재미있고 더 매력 있는 강의를 만들어야 했다.

이번에는 트렌드를 활용하기 시작했다. 수요에 맞는 강의 주제를 빨리 찾아서 개발하고, 누구보다 먼저 론칭하는 전략이다. 의류 SPA 브랜드들이 쓰는 전략을 강의에 적용한 것이다. 재미와 트렌드를 잡은 강의는 매출이 안 나올 수가 없다. 그러자 이제 상대도 이 전략을 쓰기 시작했다. 나는 여기서 더 발전을 시켜야 한다. 끊임없이 변하고 발전하지 않으면 살아남을 수 없는 세상이다.

유튜브도 마찬가지로 '하나 더 전략'이 필요하다. 게임을 잘하는 사람은 많다. 게임을 잘하면서 다른 재주를 보여줘야 구독자가 늘어난다. 잘 먹는 사람도 많다. 남보다 다르게 먹는 모습을 보여줘야 한다. 아주 맛있게 먹거나, 특이한 것을 먹거나 하면서 차별화를 해야 한다. 먹방 유튜브를 시도해본다면 음식에만 집중하지 말고, 배경을 바꿔보는 것도 좋다. 시골집, 배 위, 다리 밑 등 색다른 배경으로 시선을 끌면 클릭을 유도할 수 있다. 남들과 똑같으면 바로 싫증내는 시디디. 정통성을 유지히면서도 포맷을 조금씩 바꾸면서 계속 변하는 모습을 보여줘야, 구독자들의 마음을 사로잡을 수 있다.

취업이든, 사업이든, 콘텐츠든 내가 줄 수 있는 것이 하나라도 더 있어야 성공할 수 있다. 내가 가진 능력과 기술에 만족하지 말고, 여기에 더해 어필할 수 있는 것을 계속 늘려가는 노력과 도전이 필요한 이유다.

진심은 투자의
기준이 된다

식당에 들어서면 진심이 느껴지는 식당이 있고 아닌 식당이 있다. 즉 고객을 위해 노력한다는 느낌을 주는 식당이 있고, 고객을 홀대한다는 느낌을 주는 식당이 있다. 이러한 차이의 이유는 여러 가지지만, 대부분은 직원들의 태도와 자세에서 비롯된다. 아무리 인테리어가 고급스럽고 음식이 맛있어도, 직원들이 불친절하면 불편하고 불쾌하다. 물론 아무리 직원들이 친절해도 음식이 맛없다면 다시 찾기는 어려울 것이다. 그런데 식당의 기본은 음식이다. 음식은 당연히 맛있어야 하는 것이다. 그래서 음식이 동일하게 맛있다는 전제하에서 본다면, 당연히 친절하고 진심이 느껴지는 식당을 선호하게 된다.

이를 바탕으로 우리가 사람을 대하는 모습을 다시 생각해보자. 사적인 만남이든 비즈니스 미팅이든, 상대는 나를 위해 소중한 시간을 내서 나온 사람이다. 그의 이야기 하나하나를 귀기울여 들어야, 그 사람도 당신의 진심을 느끼고 당신의 이야기에 집중할 것이다. 반대로 핵심이 없는 이야기를 하고 있거나 대화에 집중하지 못하는 모습을 보이면, 그 역시 진심 없는 이야기를 이어가다가 서둘러 자리를 마무리할 것이다. 그러면 신뢰를 바탕으로 하는 비즈니스로 넘어가기 어려워진다. 친분을 돈독히 하는 것 역시 마찬가지로 힘들어진다.

잘되는 유튜브 채널에 출연해보면 촬영자, 작가, 편집자가 출연자와 화면을 잘 지켜보고 있다. 앞에서 경청하는 사람이 있으니 출연자는 더 진심을 담아 이야기한다. 반면 잘되지 않는 채널은 촬영자가 녹화 버튼만 누르고 휴대폰을 만지고 있거나, 버튼을 눌러놓고 담배를 피우러 나간다. 본인은 듣지도 않았으니 나중에 편집할 때 시간이 더 걸리고, 그러다 마감 시간에 쫓겨 급히 편집하다보면 콘텐츠의 완성도는 떨어질 수밖에 없다. 그래서 안되는 것이다.

식당을 하는 것도, 유튜브를 운영하는 것도 모두 잘해서 잘되고 싶다는 욕심에서일 것이다. 그런데 욕심만 앞세우고, 진심으로 임하지 않으면 무엇도 잘될 수 없다. 특히 사람을 대하는 일, 파트너가 필요한 일에서는 욕심은 줄이고 진심을 키워야만 성공할 수 있다.

욕심은 줄이고, 진심은 키워라

국숫집에 가면 가장 기본은 면이다. 면에 신경을 쓴 집은 음식에 대한 진심이 느껴진다. 그런데 새로 생긴 가게들 중에는 인테리어만 고급스럽게 하고 가격은 비싸게 받는데, 정작 가장 기본인 면은 도매로 받아온 제품을 그대로 끓여서 내는 곳이 있다. 고객들은 여러 식당을 가기 때문에 안다.

네이버 쇼핑을 들어가도 중국에서 도매로 가져온 상품을 진열하는 곳들이 있다. 그런데 어떤 이는 상세페이지도 한국어로 좀더 정성스럽게 만들고 리뷰 관리와 문의에 대한 응답도 열심히 한다. 반면 어떤 이는 그냥 중국 도매사이트에서 준 상세페이지를 번역도 하지 않고 그대로 올려둔다. 그럼 고객은 어디 것을 사려고 할까? 가격 차이가 엄청나지 않다면, 당연히 전자의 곳에서 물건을 살 것이다.

자, 이 논리를 투자에 대입해보자. 투자할 기업을 고를 때도 진심이 중요한 기준이 된다. 기업의 CEO와 직원들의 태도를 보고 투자 여부를 결정하는 것이다.

정리해보자.

첫째, 진심은 마음의 빗장을 여는 열쇠다. 고객이든 지인이든 파트너든 내가 먼저 진심으로 대하면 그들도 진심으로 응하게 된다.

둘째, 진심은 신뢰를 쌓는 도구다. 쇼핑몰이든 기업이든 진심으로 승부하면, 고객도 투자자도 그들을 신뢰하고 결국 소비와 투자를 결정한다.

읽고, 배우고, 쓰라

가끔 어떤 이들이 연락을 해온다. 당신을 만나서 투자를 배우고 싶다고 말이다. 1시간에 얼마를 주면 만날 수 있냐는 연락도 온다. 어떤 이는 자신은 돈이 적으니 몇 년 안에 100배를 불릴 수 있는 투자처를 알려달라고 조른다. 어떤 사람은 본인이 나이가 많으니 무조건 크게 오를 주식을 가르쳐달라고 말한다. 하지만 나의 답변은 한결 같다.

"그건 전혀 효율적이지 않습니다."

그리고 일대일로 만나서 물어볼 시간에 내 책을 읽어달라고 말한다. 그 사람을 2시간 정도 만나서는 책에 담긴 모든 내용을 설명할 수가 없기 때문이다. 책을 쓸 때 저자는 몇 달을 고민한다. 만나서 몇 시간 이야기하는 것과는, 전하는 내용의 양과 질이 다를 수밖에 없다. 게다가 책은 텍스트와 그림으로 이해하기 쉽게 설명되어 있다. 2시간의 만남보다 2시간의 독서가 훨씬 효율적인 것이다.

좋은 책을 고르는 몇 가지 방법

하루에 책을 한 권씩 읽으면 매일 한 사람의 인생 노하우가 나에게 들어오는 것과 같다. 내 지식과 지혜가 압축 성장을 하게 된다. 매일 책을 한 권씩 사서 읽어도 한 달이면 50만원 정도의 투자다. 도서관에서 책을 빌려보면 아예 무료다.

책을 보면 매일 좋은 스승을 만날 수 있다. 여행 책을 읽으면 여행 스승을 만날 수 있고, 미술 책을 읽으면 미술 스승을 만날 수 있다. 물론 조건이 하나 있다. 좋은 책이어야 한다는 것이다. 그럼 어떻게 좋은 책을 고를 수 있을까?

좋은 책을 고르는 첫 번째 방법은 원하는 분야의 베스트셀러에서 찾는 것이다. 현재 많은 사람들이 선택하고 있기 때문에 못해도 평타는 칠 가능성이 높다. 잘 안 팔리는 책을 사서 보면 제목, 목차와 달리 기대 이하인 책들도 많았다. 많이 팔리면 그만큼 이유가 있긴

하다.

두 번째는 스테디셀러에서 찾는 방법이다. 대부분의 책은 나오자마자 인기를 얻다가 이내 식어버린다. 그런데 인기가 식지 않고 꾸준히 팔리는 책은 입소문, 리뷰로 인해 계속 사람들이 찾는 책이라고 할 수 있다. 홍보, 마케팅이 아닌 사람들의 추천으로 계속 팔리는 책은 그만큼 훌륭한 내용을 담고 있는 경우가 많다.

세 번째는 나에게 필요한 정보를 명확히 주는 책을 고르는 것이다. 예를 들어 주식 책을 사고 싶다는 생각은 명확하지 않다. 기업의 적정 주가를 알아내는 방법을 배우고 싶다는 생각을 가지고 책을 찾으면, 나에게 딱 맞는 책을 찾을 수 있다. 즉 내가 원하는 책이 명확할수록 좋은 책을 살 수 있다. 주식의 기초, 철학을 이해했다면 그다음부터는 나에게 맞는 책을 찾아 세부적인 지식과 경험을 습득하는 것이 좋다. 그래서 주식은 초보용 책이 가장 잘 팔리고 고수를 위한 책들은 잘 팔리지 않는다.

마지막 방법은 내가 스스로 책을 써보는 일이다. 나의 경우 배를 타던 시절 TV도 휴대폰도 없었기 때문에 여가 시간에 할 수 있는 일은 독서뿐이었다. 어쩌면 책을 읽기에 최적화된 환경이었다. 덕분에 시중에 나온 재테크 책을 거의 다 읽었다. 어떤 책은 허무맹랑한 소설 같았고, 어떤 책은 다 별로인데 알짜 같은 부분이 약간 있었다. 책한 권을 읽으면서 좋은 정보가 없어 허탕을 치기도 하고, 100만원과 맞바꿀 만한 소중한 정보를 얻기도 했다.

　여하튼 이렇게 재테크 책을 섭렵하다보니, 좋은 재테크 책이 많지 않다는 생각이 들었다. 시간 낭비를 하거나 잘못된 재테크를 하고 있을 사람들이 안타깝다는 생각도 들었다. 그래서 그동안 읽었던 책들 중에서 좋은 주제, 내용들만 정리를 했다. 책을 낼 생각은 아니었고, 재테크를 물어보는 지인들에게 주려고 타이핑을 시작했다. 그러던 중 군에서 전쟁의 위협을 느낀 몇 번의 사건이 있었다. 죽기 전에 책이라도 남기자는 생각으로 그동안의 재테크 경험을 추가해 나만의 관점으로 재해석한 재테크 책을 냈다. 그렇게 낸 첫 책은 재테크 분야 베스트셀러가 됐다.

　물론 이렇게 꼭 출판까지 이어지지 않아도 괜찮다. 책을 쓴다는 마음으로 나의 생각, 노하우를 토대로 목차를 짜고 글을 작성해보면 내가 가진 노하우와 정보가 어느 수준인지를 알 수 있다. 이 내용은 책으로 낼 수 없는 수준이라고 생각되면, 내가 그 분야에 대한 지식이 부족하다는 뜻이다. 그럼 더 공부를 하면 된다. 그리고 마침내 한 권의 책이 다 완성되었다면, 이제 나는 그 분야에 대한 이해를 끝낸 것이다. 여기에 나만의 경험까지 담겨 있다면 실제로 책을 내보는 것도 좋다. 그렇게 지식과 노하우를 다른 사람들에게 전수해나가는 것이 인류의 발전을 위해 공헌하는 일이다.

결국 평생 부와 행복을 지속하는 비결은 단순하다. 베풀고 나누고 그러면서 또 얻는 선순환이 지속되면 우리는 평생 부유하고 행복하게 살 수 있다.

성공은 멀리 있지 않다

낚시를 배운 적이 있었다. 낚시는 정적이다. 미끼에 떡밥을 꽂고 물속에 던지면 낚시꾼이 할 수 있는 일은 끝난 것이다. 그다음부터는 물고기가 미끼를 빨리 물어주길 기다리는 수밖에 없다. 그리고 물고기가 미끼를 물었을 때 타이밍을 놓치지 않고 낚싯대를 당겨야한다.

초보자는 물고기를 놓치지 않기 위해 낚싯줄을 계속 당긴다. 물고기와 힘 싸움을 하면서 힘으로만 해결하려고 한다. 그럼 낚시꾼이 지치거나 낚싯줄이 끊어져 물고기를 놓치게 된다. 고수들은 낚싯줄을 감았다 풀었다 또는 멈췄다 하면서 낚싯줄을 서서히 감아올린다. 힘 싸움에서 지친 물고기는 결국 수면 위로 올라온다.

성공도 마찬가지다. 내가 할 수 있는 것을 다한 이후에는 기회가 오기를 기다리는 수밖에 없다. 낚시꾼이 찌의 미세한 움직임을 눈치 채고 낚싯대를 들어 올리듯이, 지금 나에게 기회가 온 것인지 아닌지를 관찰해야 한다. 대부분은 기회가 왔다는 것조차 모르고 지나 보내는 경우가 많다.

야구에서 에이스의 기준인 3할 타자는 10번의 기회 중 3번을 성공시키고 7번을 실패한 사람이다. 인생도 10번의 기회를 모두 성공시킬 수는 없다. 3번 정도만 성공해도 충분하다고 본다. 대신 주변의 기회를 잘 발견하면 인생의 기회는 평생 3번이 아니라 1년에 3번이 올 수도 있다.

기회를 잡았다면 100%를 다 쓰지는 말기 바란다. 힘을 줄 때는 주고, 뺄 때는 빼야 지치지 않는다. 지치고 나면 아무리 좋은 기회여도 스스로 포기하게 된다.

잘 준비하고, 잘 관찰하고, 잘 조절하면 지금 이 순간 지나가는 기회를 놓치지 않고 잡을 수 있을 것이다. 그리고 기회를 잡았다면 그 과정을 다시 반복하면 된다. 반복되는 과정에 최선을 다하다보면 어느덧 성공이라는 수식어가 달려 있을 것이다. 성공은 멀리 있지 않다. 오늘의 작은 성공이 내일의 큰 성공이 된다.

7년 안에 경제적 자유를 만드는 7가지 비밀

세븐

초판 1쇄 발행 2022년 5월 18일
초판 3쇄 발행 2022년 5월 27일

지은이 | 전인구

발행인 | 박재호
주간 | 김선경
편집팀 | 강혜진, 이복규
마케팅팀 | 김용범, 권유정
총무팀 | 김명숙

디자인 | 김태수
종이 | 세종페이퍼
인쇄·제본 | 한영문화사

발행처 | 차이정원
출판신고 | 제25100-2016-000043호
주소 | 서울시 마포구 양화로 156(동교동) LG팰리스 814호
전화 | 02-334-7932 **팩스** | 02-334-7933
전자우편 | 3347932@gmail.com

ⓒ 전인구 2022

ISBN 979-11-91360-41-7 (03320)

- 이 책은 저작권법에 따라 보호받는 저작물이므로 무단 전재와 복제를 금지합니다. 책의 일부 또는 전부를 이용하려면 저작권자와 차이정원의 동의를 받아야 합니다.
- 잘못된 책은 구입하신 곳에서 바꿔드리며, 책값은 뒤표지에 있습니다.